侨界杰出人物故事丛书

钱伟长的故事

王海燕◎编著

中国华侨出版社
·北京·

图书在版编目（CIP）数据

钱伟长的故事 / 王海燕编著. — 北京：中国华侨出版社，2020. 4
ISBN 978-7-5113-8180-4

Ⅰ.①钱… Ⅱ.①王… Ⅲ.①钱伟长（1912—2010）—生平事迹
Ⅳ.①K826.11

中国版本图书馆CIP数据核字（2020）第 002734 号

钱伟长的故事

编　　著：王海燕
特约编辑：吴文智
责任编辑：王　委
封面设计：何洁薇
经　　销：新华书店
开　　本：710毫米×1000毫米　　1/16　　印张：11.25　　字数：146 千字
印　　刷：三河市华东印刷有限公司
版　　次：2020 年 6 月第 1 版
印　　次：2023 年 7 月第 2 次印刷
书　　号：ISBN 978-7-5113-8180-4
定　　价：48.00元

中国华侨出版社　　北京市朝阳区西坝河东里77号楼底商5号　　邮编：100028
发 行 部：（010）64443051　　传　真：（010）64439708
网　　址：www.oveaschin.com　　E-mail：oveaschin@sina.com

如发现印装质量问题，影响阅读，请与印刷厂联系调换。

前 言

他，从七房桥走来，在这个位于无锡的一个小乡村，他度过了人生中最美好、最纯真的童年时代。他的父亲钱挚（字声一）和叔父钱穆（字宾四）都是国学大师，在国学的研究方面有着独到的建树。良好的家庭环境，为他打下了深厚的国学功底，以致考取清华大学时的一篇即兴而作的《梦游清华园赋》，完美到无人更改一字。七七事变的一声炮响，震撼了这位青年志士的心灵，他坚决地放弃了"从文"的心愿，从此走上了"学理"的人生路。

他，就是钱伟长，我国政协副主席、著名的科学家，有着我国"力学之父"的美誉，为弹性力学、变分原理、摄动方法等领域的发展做出了巨大的贡献。

钱伟长是一个纯粹的爱国主义者，他将国家的利益、人民的利益看得高于一切，时时刻刻心系中华民族的复兴大业。正如他对自己的评价："回顾我这一辈子，归根结底，我是一个爱国主义者。"

青年时代，他先后留学加拿大、美国，在那里，他不仅学到了先进的技术，更加坚定了报效祖国的信念。34岁那年，他毅然放弃了美国的高薪回到日思夜想的祖国。几经沉浮，几经沧桑，他对祖国的一颗炽热的心从未改变过。

人到中年，风雨袭来，在艰苦卓绝的条件下，他依然坚持科学研究，积极为多个行业解决难题。马尾港的疏通，黄河拦门沙的清理，人民大会堂的工字梁稳定方案，北京工人体育馆的网格结构设计，山区电缆下垂和电缆互相干扰问题的处理，拉力扳手的设计，试炮场防体结构的计算……一个一个的设计方案洒满了他人生的智慧，一次又一次的努力奋斗记载了他对祖国的赤子之情。有人说，钱伟长这个人简直成了"万能的科学家"。他却说："我没有专业，国家的需要就是我的专业；我从不考虑自己，祖国和人民的忧就是我的忧，祖国和人民的乐就是我的乐。"

改革的春风拂来，年过古稀的他在教育领域继续奋斗。他把自己的心血全部投入了这里——上海大学。他是这里的全职职工，可是，他不要学校的房子，不拿学校的工资。他说："我姓钱，但我没有钱，就是一心一意想把学校搞好。"

这就是钱伟长，一位在国困家贫、特殊时期成长起来的爱国主义者，一位在科学领域里默默奉献的科学家，一位在教育领域里充满爱心、充满责任感、充满正义的教育家！

目　录

参考文献

成长篇

良好的家庭文化氛围，积极向上的学习热忱，
少年伟长在文化和爱中成长。

1
出生

1912 年 10 月，无锡县的一个小乡村——七房桥——迎来了一个新生儿。他，就是钱伟长。钱伟长被誉为世界著名的科学家、教育家，也是中国科学院的一名资深院士。他一生爱国，为我国乃至世界的力学研究做出了杰出的贡献。

说起七房桥，它可以追溯到明朝洪武年间。一位钱姓青年顺着金匮县（现在的无锡）梁溪向东，到了啸傲泾。那里约有万亩高地，但因为没有水车，在旱年无法灌溉，收成并不好。钱姓青年就在那里安家，以做水车为生。考虑到农民很穷，他采用出租的形式。秋季不用时，农民可以把水车送回；春夏农忙之际，他再负责安装修理。他去世早，儿子接代，几年后儿子死了，孙子接代。三代以后，钱家的事业已是远近闻名，以后又办了酒厂、酱油厂和南货铺，变成了七房桥的首富。他们就是钱氏家族在七房桥的起源。①

明代中期，钱氏家族有七个儿子，他们在啸傲泾北岸离岸约 15 米的地方修建了七所宅院，每一宅院都是七进，每进都是七开间，在啸傲泾的两端架了一座桥，人们将这一个村子叫作七房桥。

清代同治年间，钱家被御赐"五世同堂"的四字横匾，又因钱伟长的

---

① 钱伟长. 怀念钱穆先叔 [C]// 钱伟长. 钱伟长文选（第六卷）. 上海：上海大学出版社，2012:46—77.

高祖、曾祖都中了举人，还被御赐"贡士及第"。这是七房桥最为兴盛的时期。可惜，不到一年，太平天国运动占领了南京和苏州等江南地区，江阴、无锡是曾国藩的南大营所在地。苏州的太平天国部队和曾国藩的南大营就在梁溪隔河对垒，太平天国的前线指挥部就设在七房桥的宏议堂。钱伟长的曾祖父一家逃往荡口镇避难。太平天国运动结束后，曾祖父率家人回到七房桥。从那以后，钱家生活很困难，难以维持生计。曾祖父去世时，钱家已经空无分文。此时，祖父开始挑起族长的重担。他决定再度搬回荡口镇生活。19世纪末期，钱伟长的祖父在荡口住了约15年后，对怎样解决七房桥的贫困问题有了一定的想法，决定再次离开荡口，回到七房桥。

经过一两年的筹划，他提出了建立"钱氏怀海义庄"的方法。这一举措对克服太平天国运动后的农业生产困难和维持生活安定非常重要。不到三年，无锡、苏州、昆山、常熟甚至像上海附近的太仓、崇明等地也纷纷成立了义庄。义庄成了江南乡间最有力的经济组织，既安定了农村，又发展了农村经济，在江南兴办小学成了风尚，乡村贫困儿童有了社会保障，奴仆家人（指之前的家奴）不见了。

可惜，钱伟长的祖父人到中年不幸去世（去世时年仅39岁）。钱伟长的父亲钱挚（字声一）和四叔钱穆（字宾四）自十五六岁起，便开始了教书生涯。他们还创办了钱氏私立又新小学，后来又在荡口镇鸿模小学任教。当时，钱伟长的六叔钱艺（字漱六）和八叔钱文（字启八）尚且年幼，整个大家庭的经济状况自是可想而知的。

按照中国传统的说法，钱家算得上书香门第。在一般人的印象中，或许认为书香门第不是官宦之家也是殷实之家、富贵之门。事实并非如此。

钱家既没有人做官、经商，也没有自己的田产，祖辈三代全靠教书过日子，教书的薪酬微薄，因此钱家的生活并不富裕。钱伟长幼年时期几乎没有穿过新衣服，所穿的衣服都是叔父们小时候穿过、穿旧了，又经过钱母剪拼、缝补而成的。有的衣服钱伟长穿着太长、太大，母亲担心衣服剪短了，孩子日后长高了，衣服就浪费了。但人的智慧总是无穷的。心灵手巧的母亲把衣服的腰部位置折叠起来、缝上，待孩子日后长高了再打开。时间久了，露在外面的布料颜色已褪得差不多了，而里面的布料因为"保护"得好，颜色基本如新，这样看上去就像特意染出来的渐变色一样。

当然，衣服的问题还不是最困难的事，生活的贫困，卫生条件的不足，导致幼小的伟长也不幸患上了疟疾、痢疾、肺病、伤寒等症，这才是最痛苦的。由于遭受了这些疾病的折磨，已经18岁的钱伟长在进入清华大学体检时发现，自己的身高只有1.49米！这个高度居然还没有达到标杆的最低线——1.50米。难怪当时任清华大学的教授马约翰惊奇地喊道："不达标啊！"后来，马老还告诉钱伟长，他是多少年来清华大学唯一一个连标杆刻度都没有达到的学生。

生活就像调味剂，酸甜苦辣咸，样样齐全。虽然，幼年的生活是贫苦的、艰辛的，但是它同样也存在着甜味剂。这里的甜味剂就是文化学习。钱家代代相传的家训中，有一些是对个人的要求，其中部分内容中就有这样的祖训："读经传则根柢深，看史鉴则议论伟。能文章则称述多，蓄道德则福报厚。"它的意思是说，人一定要饱读经书，只有这样，才能有深厚的功底，才能学习到历史中相关知识，才能明白历史给我们留下的教训，才能下笔如有神。钱家的祖训对钱家子弟影响非常深，他们认真遵从祖

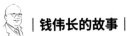

训，不断学习。钱家世代子弟均堂堂正正，笃实博学，而且他们还热心公益事业，坦诚爱乡，常常为邻里排忧解难，解决纠纷，主持正义，因而得到了大家的尊重。后来，钱伟长家惨遭火灾后，还能借住在乡里，不能不说是这些付出的回报。

2
成长

人们常说，家庭是孩子的第一所学校。家庭教育对一个人的影响是根深蒂固的。成长于书香世家的钱伟长对文化的学习可谓是流淌于血液之中的。钱伟长在回忆少年生活时，特别指出自己少年时代最喜爱的三件乐事：晒书、静观围棋和欣赏家庭音乐会。

钱伟长的父亲和四叔都非常热爱中国文化和历史。他们用节省下来的薪资购买了大型古籍丛书《四部备要》和"二十四史"，以及欧美名著译本等。《四部备要》依照经史子集四部分类，收书三百多种，是学习和研究古代文献的常备书籍。每到夏季，家人必选三天时间进行晒书和收书的活动。

晒书，在我国历史已久，早在东汉时期就已经有关于晒书的记载。古籍书刊所用的纸张绝大多数都是以天然木浆、棉浆或者草浆为原材料，因此很容易遭受虫蛀，加上又是用线装订而成，更需防潮防霉。为了减少古籍受损，人们定期把书搬到阳光下暴晒，因而称之为"晒书"。钱家的这种例行活动本身就是一种极好的家庭氛围的营造，这也是少年伟长一年一度最为期待的活动。摩挲满是沧桑感的纸张，徜徉于浩瀚的文海，细嗅古籍的墨香，品味历史的多重滋味，尽享我国优秀传统文化的魅力，想想都是美事！在父亲和叔叔的熏陶和指导下，自小他便开始与书为伴，以书为友，不知不觉中也是博览群书。这自然为他以后的成长打下了坚实的文化功底。

更重要的是，这些古书也激发了钱伟长对中国悠久历史的兴趣。钱伟长的八叔钱文（字辛）擅长写小品和笔记杂文，经常在杂志上发表文章，得到了文坛的重视。根据唐朝文化发展过程中的一个重要口号，他给自己起了一个笔名叫"别手"。他比钱伟长长8岁，也是对钱伟长幼年时期影响较大的一位长辈。钱伟长幼年时的阅读也受到了八叔的影响。从《水浒》到《史记》，从《春秋》到《汉书》，钱伟长在八叔的书堆里如饥似渴地汲取着营养。八叔同时还兼任钱伟长的家庭教师。钱伟长的父亲要求钱伟长每两天就要上交一篇作文，而这些作文都是由八叔亲自批改的。正是通过这种长期以来坚持不懈地练习，钱伟长的写作水平突飞猛进，后来进入学校上学后，他语文课的成绩一直高居榜首。这其中八叔可是功不可没。钱伟长考清华大学时的语文题是"梦游清华园记"。他用45分钟的时间居然作了一篇450字的赋，深得阅卷老师的喜爱。老师仔细审读，认为这是一篇"改不了，一个字也改不了"的满分作文！朱自清教授和闻一多教授高兴地说，中文系这次可是"得了一个人才"。朱自清教授还把他召到家里长谈。

钱伟长的父亲和叔父们个个博览群书，博古通今，而且琴棋书画样样精通。闲暇时，钱挚、钱穆、钱艺、钱文等人就常常下围棋，摆棋谱，还经常打擂台。每逢这样的时刻，也是钱伟长最兴奋的时刻，因为他既可以观战，又可兼任记分员。观看父亲和叔叔们下棋对他来说是一种享受，也是一种学习。我国古代称围棋为"弈"，将其视为棋类的鼻祖。据说，围棋是尧为开发儿子智力，怡养其性情而造的。到了春秋战国时期，围棋已经在社会上广泛流传。下围棋是智力的锻炼，也是性格的磨炼。在观棋的过程中，钱伟长同样是收获颇丰。长大后，钱伟长也常常把家中的棋谱拿出来摆一摆，照着父辈们的做法学习下棋。通过一段时间的摸索，他的围棋水平大有提升，在学校参加过多次比赛，也拿过多次冠军，只是他还从未敢向父辈们提出挑战。

参加家庭的音乐会也是钱伟长钟爱的乐事之一。钱父和叔叔们都各有各的专长。钱挚擅长弹奏琵琶，钱穆擅长吹箫，钱文吹得一手好笛，钱艺的二胡则拉得是行云流水。每年的寒假、暑假都是钱家"大聚会"的热闹日子。钱伟长的父亲和叔父们从学校里放假回家，在家里搭起了"文化节"的舞台。有一段时间，因为特殊情况，钱穆、钱文、钱艺等各从单位回家"休整"，虽然有着较重的心理压力，但是有着乐观精神的钱家人，并没有从此沉沦下去，反而充分利用起这段难得的"清闲"时期，开展起了丰富多彩的"钱家文艺生活"。夜幕降临，钱家的小型音乐活动就拉开了序幕。家里的其他成员都是热心观众，有钱伟长的祖母、母亲、婶母和弟弟妹妹等。左邻右舍也把它当成了"固定节目"，每天都会前来欣赏。

白居易的《琵琶行》中写道："低眉信手续续弹，说尽心中无限事。轻拢慢捻抹复挑，初为《霓裳》后《六幺》。大弦嘈嘈如急雨，小弦切切如私语。嘈嘈切切错杂弹，大珠小珠落玉盘。"音乐能让人赏心悦目，为人们带来听觉上的享受，更能提高人的审美能力，净化心灵，缓解情绪。《列子·汤问》中曾记载："余音绕梁三日而不绝。"自古以来，人们就非常重视音乐的作用。在这种氛围的熏陶下，钱伟长的节奏感也被培养出来了，刚开始，他练习打碗、击板，随着练习次数的增加，他的节奏感也越来越强。

钱伟长的祖母是一位具有中国传统美德的女性，她不仅关心子孙后

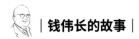

代的思想品质教育和文化学习，对家庭的治理也是井井有条。这些良好的品质给钱伟长幼小的心灵带来了极大的影响。祖母治家有方，三代人共同生活在一个大家庭里，虽然每天粗茶淡饭，但是大家吃得有滋有味。在钱伟长的印象中，母亲和祖母总是在不断地劳作中，白天忙于田里的各种农活；晚上，她们要么纺纱，要么就忙于养蚕等活计，有时祖母还会抽空教他识字。常常是，一盏油灯下，父亲和叔叔在案头读书；祖母教他识字，而母亲则在一旁纺纱。虽然辛苦，却其乐融融。正所谓，穷人的孩子早当家，在家庭氛围的影响下，钱伟长从小就热爱劳动，积极面对生活的难题。看到祖母和母亲忙着养蚕、挑花、糊火柴盒这些活时，他都会积极参与，既减少她们的劳苦，同时也可以为家庭添补一些家用。

上天总是会眷顾不怕辛劳的人，即使生活中会有一些苦痛和不如意，但是生活中同样不缺乏甜蜜。无锡距离太湖非常近，这个天然的大湖泊不仅滋润了周围的广袤大地，为周围的百姓提供了重要的生命水源，而且使得这个地带成了有名的鱼米之乡。它不仅盛产大米等农作物，而且还为人民带来了其他的生活物品，如鱼、虾等。七房桥靠近太湖的一角，更是盛产鱼虾的好地方。那儿也是孩子们的快乐天地。钱伟长和小伙伴们在河沟、芦苇荡边就可以捞到小鱼小虾，摸到螺蛳。别小看这些东西，它们可都是解馋的美味呢。

美丽的大自然不仅为人们提供了生活的必需品，同时也为人们提供了愉悦和快乐。他和小伙伴有时在田野间奔跑、嬉戏，有时可以躺在大地上尽情地享受温暖的阳光，也可以抬头仰望满天的星辰。春天到了，他们在田野里采集野菜拿回家，经过祖母和母亲的巧手收拾，就成了一碟碟美味的佳肴；秋天到了，他们可以尽情享受收获的愉悦。春耕、夏耘、秋收、冬藏，虽是周而复始，但又各有千秋。《道德经》中说："天之道，损有余而补不足。"大自然总是用最慷慨的胸怀回馈辛勤的人类，用最公正的方式善待劳苦的人类。大自然，在钱伟长他们的心中除了意味着生活、快乐，还意味着敬畏和尊重，正因为如此，他对人类尊重自然的重要性才有了更深刻的体会，从而为我国的建设提出了重要的、有益的建议。

和谐的家庭氛围，乐观的精神追求，对钱家后代的成长至关重要。钱伟长在自己的《八十自述》中说道："融乐的家庭及长辈的楷模，启迪着像我这样的年轻人，懂得要洁身自好，刻苦自励，胸怀坦荡，积极求知，安贫正派。在进入正规学校前，就得到家庭教育的良好培养。"①

---

① 钱伟长.八十自述 [C]// 钱伟长.钱伟长文选（第五卷）.上海：上海大学出版社，2012:26.

3
变故

　　天有不测风云，1917 年的一场无情的大火将钱家七房桥的老宅焚毁。万般无奈之下，钱家迁居荡口，向别人借了一处房子居住。第二年，钱伟长就入学了，当时他只有五岁。由于钱挚和钱穆当时都是小学的教师，因此，钱伟长跟随他们入读小学。他先后在荡口镇南东狱庙小学、镇北司前弄小学、后宅镇小学、荡口镇鸿模小学和无锡荣巷公益学校就读。在四叔的熏陶下，钱伟长背了很多的古文和古诗，包括一些儒家的经典著作。当时，钱穆对欧洲的一些著作非常感兴趣，读了大量的作品。每当他读这些作品的时候，他都要求钱伟长和他一起读。虽然那时，钱伟长对那些作品只是似懂非懂，但是，这种做法为他打下了良好的基础，养成了阅读的习惯。这对他日后的学习来说，起到了至关重要的作用。

　　后来因为北伐战争，他还到过无锡国学专修科跟随国学大师唐文治学习。一年后，他跟随父亲进入无锡县初中上学。在初中学习一年半后，他考入了省立苏州高中。经历连年的北伐战乱，万物凋敝，学校的教学秩序被打破，学生也常常被迫停学、逃难，有的已是失学在家，所以从时间上看，钱伟长的小学、初中生活前后有 11 年，但是实际上的上学时间连五年都不到。幸好，历史、国文一直都是在家中学习，从未间断；数学、物理、外语这些课程就没有这么幸运了……没有学过数学的四则运算、立体几何、三角，平面几何勉强学一个学期，代数部分一知半解；初中的物理课设在初三，但是他未上初三；外语就更没学过了……经过这样"断点"式的学习，钱伟长没有小学的文凭，也没有初中的文凭。

但就在进入苏州高中一个月后，钱伟长的家中突然传来噩耗，他父亲去世了。当时钱挚也只有 39 岁。古人说，三十而立，四十不惑。钱挚正是迈过而立，还未度过不惑之龄，这怎能不令人扼腕痛惜呢。钱伟长还记得开学时父亲为他送行的情景。那天，空中飘着蒙蒙细雨，父亲与他共撑一把破伞，准备乘船前往苏州。那时父亲的身体和心情都不佳。身体上已是抱恙多日；心情上，则因那时四一二事变，父亲所在的县中有八位教师惨遭杀害，作为教务主任，他非常揪心。他还嘱咐钱伟长说："世事艰难，你今天能进苏州中学，机会难得，那里名师荟萃，你当学点真本事，家里虽困苦，总尽力让你读完高中。你在困境中读书，更要奋发有为，莫让时间虚掷……"[①]父亲的话依然在耳边萦绕，指引他前进的路。钱挚去世后，钱家陷入了更大的经济困难，钱伟长还有一个弟弟两个妹妹，三个月后，母亲又生下了遗腹子七妹。家中没有一丝积蓄，连隔日粮都没有。父亲一生挚爱书籍，遗下的东西只有一柜子书而已。

这时父亲的老师华倩朔先生帮了一个大忙，让他们住进了华家的房子，并且免去十年的租金。后来，七房桥同族的人还出面交涉，让钱氏怀海义庄捐供给他们救济粮，使他们免于饥饿。

在钱伟长小学毕业时，家中对孩子毕业去向这件事情已经有了一些"分歧"。[②]当时邻居家的孩子小学毕业后，基本都参加工作了，他们有的穿上绿色的制服当上了邮差，有的穿着黑色的制服成了铁路员工，月薪还

---

① 钱伟长.谈四叔钱穆 [C]// 钱伟长.钱伟长文选（第四卷）.上海：上海大学出版社,2012:190.

② 钱伟长.谈四叔钱穆 [C]// 钱伟长.钱伟长文选（第四卷）.上海：上海大学出版社,2012:189.

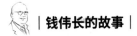

有三块大洋。这在当时可算是不小的一笔收入。所以奶奶和母亲都有些动心。妈妈还问过钱伟长:"伟长,你小学毕业了,本来也该上中学,可家里境况你知道,学费哪里来?你下面还有弟弟妹妹。"奶奶也在旁边说,邮差和铁路工人毕竟是铁饭碗啊……但是父亲和四叔坚决主张让他积极读书,说家里虽穷,但是孩子的知识不能少,读书犹如播种,春华秋实,必有出息。

父亲去世后,这个问题再次摆在面前……四叔钱穆继续担起了这个重任,他每月从自己的工资中拿出六元钱贴补家用,并允诺资助钱伟长直到读完大学为止。钱伟长的父亲和四叔他们都没有读大学的机会。钱伟长的父亲生前曾和四弟商量过,他们一致认为,在钱家第三代一定要有个大学生。后来证明这一思考非常有现实意义。四叔钱穆虽然已经历任多所高校的教授,但还是被有些人鄙弃为土生土长的没有留过学的文人,或者连大学都没有上过的教授。

4

苦学

在苏州高中的三年时间里，钱伟长开始苦学所有的课程，不管喜欢还是不喜欢，每一科都不放过。因为缺乏系统、全面的学校教育，所以除文科以外，他落下的课程很多。现在他不仅要把以前没有学过的课程补上来，还要把其他的课程追上去。这对他来说的确是双重困难。

在所有科目中，他最差的要算是数学了。数学老师严晓帆非常同情他的家庭遭遇，每天为他提供额外的辅导。学校的自修室有规定的作息时间，到时间就熄灯。为了让他有更多的学习时间，严老师在熄灯后就把钱伟长叫到自己的办公室里，允许他和自己一同继续夜读。三年下来，数学成绩有了明显提高，钱伟长也养成了"开夜车"的习惯。这种习惯后来就一直保留着。荀子《劝学》说："故不积跬步，无以至千里；不积小流，无以成江海。骐骥一跃，不能十步；驽马十驾，功在不舍。锲而舍之，朽木不折；锲而不舍，金石可镂。"学习成绩或许只是一种衡量的外在方式，这种持之以恒的精神才是学习的精髓。看到差距，迎难而上，征服困难，成为强者，这才是他成功的诀窍。这段时间更让他感动的是，严老师对学生的真心呵护。韩愈《师说》中说："师者，传道授业解惑也。"这里对教师职业的认知更多的是集中在知识的传授上，但是实际上教师除了"道业"传授，更重要的是"心传"。急学生之所急，想学生之所想，以慈爱之心、包容之心对待学生，在精神上给予其支持，在心灵上进行引导，我想这才是教育的真正模样。

经过一段时间的刻苦追赶，钱伟长的学习有了较为明显的进步，不仅补上了小学部分的知识，连初中缺失的数学、物理、化学、生物、地理课程等都有了起色，他顺利地跟上了班里的大部分同学。

人们常说："上有天堂，下有苏杭。"苏州的小桥流水、古典园林、名胜古迹等闻名于世，尤其是拙政园、虎丘、寒山寺等更是让人向往的胜地。唐朝诗人张继还在寒山寺写过一首流传后世的诗作《枫桥夜泊》："月落乌啼霜满天，江枫渔火对愁眠。姑苏城外寒山寺，夜半钟声到客船。"苏州高中处在苏州城中，要想去这些地方游玩是件非常容易的事情，但是，钱伟长在苏州高中上学的三年时间里从未踏足过。等到他去游玩虎丘、寒山寺这些名胜古迹时，已是60岁的高龄了。为了争取更多的时间学习，钱伟长还强制自己不参加同学们的游戏和运动，甚至连课外活动都尽量不参加。他与时间赛跑，与命运竞争。三年中，钱伟长只去过几次沧浪亭。而那只是因为当时的苏州市立图书馆设在沧浪亭内。

苏州高中的生活虽然一直是在苦读，但也铸就了一段刻骨铭心的经历，尤其是当时的任课老师，每一位都值得永远记忆和尊重。他的四叔钱穆当时任学校的首席国文老师。三年后，钱穆任燕京大学讲师，后来又历任北京大学、清华大学的历史系教授。本国史的任课教师吕叔湘后来任中国社会科学院历史语言研究所所长，是我国语言学界的一代宗师，研究领域涉及一般语言学、汉语研究、文字改革、语文教学、词典编纂、古籍整理等。其所主编的《现代汉语词典》堪称最具社会影响力的词典。英语老师沈同洽新中国成立后担任南京大学西语系的系主任。地理老师陆侃舆成绩同样斐然，曾经主编我国的第一本分省地图。生物老师吴元迪是我国第一本以细胞学为基础的高中生物学教材的编著者。教他数学兼班主任的严晓帆老师，后来担任徐州中学的校长。

老师们品格高尚，知识渊博，学术成就突出，但是最吸引钱伟长的还是他们丰富的知识储备、循循善诱的教学方法，以及精湛的教学技巧。这不仅激发了他的学习兴趣，而且也铸就了他对教学这一职业的认识和思考。应该说，钱伟长在教育方面的思想、理论的形成，在很大程度上都受到这段经历的影响。

学习篇

走进清华大学的校园，掀开大学生活新的一页，钱伟长又开启了人生中的第二个重要阶段。博学的老师，先进的教育理念和融洽的师生关系，多彩的大学生活……一笔笔、一件件都是钱伟长一生中的重要财富。

1
抉择

虽然三年的中学生活顺利地度过了，但是眼前的困难依然存在。从苏州高中毕业后，钱伟长依然面临着人生中的重要抉择：到底是升学还是就业养家。人生中最纠结的事情莫过于抉择，这个问题困扰了钱伟长相当长一段时间。正当钱伟长一筹莫展的时候，他听到了一个好消息，上海天厨味精厂的创办人吴蕴初先生决定在全国范围内设立清寒奖学金。

吴蕴初（字葆元）是我国第一位研制味精的人，他还是我国氯碱工业的创始人、我国近代化学工业的奠基者之一，一生热爱化学，14岁开始学习化工，毕生的精力都放在了发展化学工业上。吴先生认为，财产应该"取之于社会，应用之于社会"。他先后成立了"清寒教育基金委员会"和"吴蕴初公益基金委员会"等机构，将自己的全部财产都用于慈善。1931年，吴蕴初出资五万元发起建立的"清寒教育基金委员会"是我国历史上的第一家教育基金会。基金会采用考试的形式从高中一年级和大学一年级化工系学生各选拔十余人进行资助。该基金会还承诺，被资助者若成绩优良，还可以一直被资助到大学毕业为止。

这为钱伟长提供了一个非常重要的选择机会。他报名参加了选拔考试，因为他的文学、历史方面的知识非常扎实，成绩自然非常突出，而理科学习也在高中得以提高，因此最终榜上有名。这对他来说，无疑是黑暗中迎来的一束阳光，他终于又闯过了一道关！

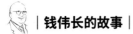

　　钱伟长马上开始了大学的入学考试。当时的高校是自主招生，为了增大入学的机会，他尽可能多地参加一些大学的考试。1931年6月，他前往上海，分别参加了清华大学、中央大学、浙江大学、唐山大学、厦门大学五所大学的入学考试。幸运的是，这五所学校最终都愿意录取他。在考试中，钱伟长也在不断分析自己，他发现自己的理科其实还是存在不足，只是优秀的文科成绩成功地弥补了理科的差距，加上大学试题不统一，也没有单科要求，这样自己才顺利达到了分数线。那时，四叔钱穆已经是北京大学的教授，在他的建议下，钱伟长最终选择了清华大学文学院。

　　清华大学文学院包括文学系和历史系。从钱伟长的入学考试成绩看，这两类课程都是钱伟长的强项。入学考试卷上有一题是让回答"二十四史"的作者、卷数和注疏者，这道题让很多人望而却步，而这对经历过早年的家庭教育、对文艺方面有着浓厚兴趣的钱伟长来说，简直是易如反掌的事情。当时很多参加考试的同学都望而却步，唯独他很快就写出了一份完美的答案。钱伟长的答卷深得陈寅恪先生的赞赏，并表示也欢迎他去历史系学习。同时，他的一篇"梦游清华园记"也打动了文学系杨树达教授，称赞他是中文写作的人才，并极力推荐他到文学系学习。清华大学文学院的大门就此向他展开。

　　然而，一个突如其来的事件将这一切打破，并从此改写了钱伟长的人生历程。

　　1931年9月16日，钱伟长从老家到北京去清华大学报到。没想到第三天，即9月18日，传来了日本帝国主义一夜之间占领了东北三省的消息，也就是九·一八事变。日本关东军的一个小分队以巡视铁路为名，在奉天（今沈阳）的柳条湖南满铁路段上引爆小型炸药，炸毁铁路，并将三具身穿东北军士兵服装的中国人尸体放在现场，还以此诬陷中国军队破坏铁路、袭击日军守备队。日本人的这一举动激发了全国青年学生的愤慨，各地纷纷组织了罢课游行，积极要求抗日。

钱伟长也被这种强烈的爱国情绪深深感染，他陷入了深深思索。中华民族有着悠久的历史和灿烂的文化，中国人民吃苦耐劳，任劳任怨，为什么帝国主义却敢于如此野蛮地欺辱我们？他认为，这一切归根结底是因为我们国家的科学技术不够发达。如果我们也掌握了先进的科学技术，这些人还敢跑到我们的土地上撒野吗？记得梁启超在《少年中国说》里曾经写道："故今日之责任，不在他人，而全在我少年。少年智则国智，少年富则国富，少年强则国强，少年独立则国独立，少年自由则国自由，少年进步则国进步，少年胜于欧洲则国胜于欧洲，少年雄于地球则国雄于地球。"国难当头，每个人都应当承担起救国救民的重任！

他决定"弃文从理"，通过学习科学技术发挥自己对国家、对民族的贡献，并向物理系提出了转系申请。但是他的这一举措并没有得到大家的认可，因为从钱伟长的入学考试成绩上可以看到，他的文科明显好过理科，而且理科的成绩实在是太差了。时任物理系主任的吴有训教授告诉他，物理系每年只收几个学生，他们都有较好的数学、物理基础。因为钱伟长的数学、物理、化学和英文考得都不好，若是他也进了物理系，那么新生中有四五十人都可以进物理系，这样绝对不行。更何况，全学校的人都知道，钱伟长的文史考的都是满分，文学系和历史系都在等着他去报到。文史同样可以救国，何必一定要学物理呢。听了这一番话，钱伟长并没有放弃，一连三天每天都去找吴老师。事实上也正如吴老师所担心的，同时还有一些同学跟他有着同样的要求。吴老师一一拒绝了。

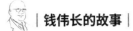

钱伟长继续想其他办法，他又去跟其他同学商量，请他们帮忙想办法。有很多同学也帮他出了很多主意，但是依然没有说服吴老师。后来有一个同学建议他向叶企孙老师求援。叶老师思想开明，热爱青年，尤其热爱有创造力的、敢于实践实验的青年，他平常和青年学生关系很好，特别同情和支持青年学生的爱国活动。所以他带过的每个班的学生中都有几个和他思想上、生活上能沟通无碍的人。叶老师听到钱伟长的诉说后，首先安慰他，不要着急，又听他说，自己的数学、物理考得不好，他就鼓励他说，既然你的文史考得很好，那只要有决心，数学物理同样也能学好。他还给钱伟长举例说，学《史记》就要弄清为什么司马迁要用"本纪"纪帝王、"列传"纪世家，他是用这样的体系框架来描写社会历史的发展，用叙述历史代表人物的方式来反映那一时期的社会兴衰盛亡的内涵。司马迁还用"太史公曰"总结评论某一人物在社会历史发展的作用。读史贵在融会贯通，弄懂它，而不是在于死记熟读某些细节。学物理也是一样，重在弄懂，不要死背公式，熟记定律，懂了自然就会记得，会用就肯定忘不了。所以，能学好历史，同样也能学好物理。这一番话，给钱伟长打足了气，让他对学物理充满了信心，也为钱伟长以后的学习指明了方向。

叶老师鼓励钱伟长，继续找吴老师，同时也告诫他，文学系和历史系的老师也对他抱有希望，不要辜负了他们的厚爱，青年在国难当头之际，弃文学理，无可厚非，但是要想疏通文学和历史两系的老师，还是文史方面的学者教授来解释更有作用。他建议钱伟长，可以请燕京大学的郭绍虞、顾颉刚教授劝说钱穆，动员四叔去疏通文史系和物理系的老师。钱伟长按照叶老师的叮嘱一一去做，终于得到了各方的同意和吴有训老师的批准，以试读的名义进入物理系学习。①

当然，吴有训先生在"让步"的同时，也提出了条件。钱伟长在物理系只能试读一年，一年内，如果数学、物理、化学三门课中有任意一门的考试成绩低于70分，他就必须无条件地转系去学文史。这个条件对钱伟长来说无疑是个极大的挑战。但是，明知山有虎偏向虎山行，钱伟长答应了这一条件。进入物理系的头一年中，钱伟长再次发扬了当年在苏州高中时的学习劲头，刻苦努力，夜以继日。梅花香自苦寒来，付出和回报总是对等的，经过一年艰苦卓绝的努力，钱伟长终于顺利地达到了吴先生所提的要求，并升入了二年级。

这是他人生中的又一次重大抉择。这一次，他又是胜者。

或许有的人会认为，钱伟长是因为天生聪慧，所以在什么时候学习对他来说，都不是难事儿。其实，这种想法是不对的。我们通过钱伟长的一次报告就可以知道，在他这些顺利达标的背后蕴含着他大量的努力。1984年3月，钱伟长在无锡大学作报告时，专门讲到了自己学习英语的故事。他说："我原来读私塾，就是四书五经。我的英文很差，进入新的学校（指苏州高中），我还是学文史，因为我家里人是搞文史的。到了大学里，科学救国，我念物理。那时候根本没有中文的物理教科书，干脆就用英文教，这可要命。数学、化学也是英文教科书，大一物理系三本英文教科书。我的英文连ABC才刚刚学会，你说怎么办？我是在一年里赶上去的。我一年里就是拿了这个教科书查字典，从第一个字查起，查以后背，一天背二三十个生字，就是那么干。搞了一年给我学会了。我能看书，看得

---

① 钱伟长.怀念我的老师叶企孙教授[C]// 钱伟长.钱伟长文选（第五卷）.上海：上海大学出版社，2012：219-221.

懂，又是什么也不干，我就是查字典，查坏了好几本。查了第一个字叫
charp，第一章的章，我就不认识它，就查了，以后是引论也查了，查了
我就背。背是 ABC 那么拼法背，发音也不准，没关系，问题不大，我又
不跟外国人去讲话，发音不准又有什么关系，为什么非得是伦敦口音？我
只要看懂就行。一年以后也及格了，居然也能用英语答卷。当然，文法错
误很多，老师很原谅我，我不光看课堂上教的，只要我得到同类的书我都
看。到毕业的时候，我就可以写论文了。后来考了公费出国了，这个糟糕
了。那时候没飞机，只好坐船。坐船那是个难题，这个船上吃饭都是用英
语的，这可难了。那张菜单非常难念，上面有二十几个菜，每个菜都不懂
是什么意思，真不懂。那怎么办呢？我考虑，我要在这里二十多天，我一
天吃三个菜，我从上往下吃，我也不说什么菜。结果，第一天我要了三个
汤，前头五个是汤，我不懂，没有办法，因为我没学过 Follow Me。后来，
人家说，我们帮你叫吧，你不要叫菜了。就这么狼狈。到了学校，我说我
要学英文，不能再这样，否则无法学习。我不能在学校学，我的志愿是在
家里学。我就找了所房子，那个房东老太太的话我是一句也听不懂，我说
的是中国英文，生活是非常困难。可是我一天去找老师，我就给他讲专
业，完全相通的。当然我发音不准，文法有错误，关系不大，老师全听得
懂。我们两个人讨论，整整讨论了一天。我就告诉他，我为什么学这个，
我自己有了题目，想这样做，对不对，他也讲了，他也在做这个题目，那
么很好，就讨论开了。一天讨论下来，说行了，我们现在做的工作已经足
够了，发表了一篇论文，我和他联合写了三篇文章，一下就发表了。我写
他改，他给我改文法，我的文法错误很多。我的博士论文第一个月完成
了，立刻就发表。跟老师一点困难也没有，就是生活、语言，我是困难

的。那怎么办呢？我就听广播，那时没有电视，只有收音机。我就听这个，看报纸，不到一个月，我的生活都行了。"[1] 从钱伟长的这些话中，我们可以看出，人天生的智慧是有限的，但是人的潜力是无限的，我们要想挖掘出自身的潜力，就只有通过不断的努力和奋斗。一分耕耘一分收获，只要我们认真努力，我们总会有收获的。钱伟长说："任何人，不管他的天资如何好，成就多么大，只要停止了努力，就不能继续进步。今天不努力，明天就落伍；长期不努力，那就必然完蛋！"[2]

学习内容存在差异，但是学习方法总是存在相通性。后来，在工作期间，钱伟长又遇到了人生的另一个挑战——俄语。他说："1952 年以后，院系（指清华大学）调整，来了个苏联专家，说下半年全部要用苏联的教材，教学大纲全部用苏联的。可是，我们这个学校里有几个人懂得俄文？怎么办呢？那时，俄国专家认为，俄文是最美丽的文字，长期代表了俄国的文化，因此，要相当长时间才能学会。我说不行，我花一个月学会行不行？全部老师（外语教研组的俄文教师）都拒绝。我说，你不叫也行，我来干。我就找了一个助教，这个助教在一个教会学校学宗教的，他认识一个神父，在神父那里学了几句俄文，能说一点。我说现在你来帮我忙，你要编一本教材，让我一个月学会。他说无法编，我就教他编。很简单，就是教四种文法，其他都不教，就是我们科学里常用的文法：正面的叙述，复杂句要会，条件句要会，科学里这么讲，感叹句一概不要，我们科学里从来没有感叹句。描写性的文字一概不要，什么伟大的全不要。一个学科

---

① 曾文彪 . 校长钱伟长 [M]. 上海：上海大学出版社，2012：233-234.

② 钱伟长 . 今天不努力，明天就落后 [C]// 钱伟长 . 钱伟长文选（第六卷）. 上海：上海大学出版社，2012:295.

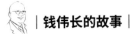

一个学科地搞，数学，我就把微积分里的许多数学名词都找出来，都用俄文写上，只要背一千个单词，一个月里背一千个数学术语。大学普通物理用的单词一千个，要背，一开始你就背它五千个字，其他的都不用教。当然字母先得要会念。俄文的尾巴变化太复杂，你就拣最简单的教，剩下的一概不教，以后再说，尾巴让它去乱换，不要紧。这样一个月教完了，下面翻译，学数学就翻译微积分，好多老师一起翻译，两个月全翻译出来。因为微积分大家都懂得的呀！通过这两个月的翻译，大家巩固了俄文，全校就是那么学来的。全部是苏联教材，都是临时翻译出来的，没有错，一直到现在证明我们翻译的教材没有错。因此，外文可以这样学。我也是在那个时候突击的。我这个经验是值得向大家介绍的，希望大家能很好地思考这个问题，来确定自己的斗争目标。只要你有这个斗争目标，千千万万的人都有各种各样的斗争目标，加在一起就是我们'四化建设'最基本的动力，要不然我们的'四化建设'就没有能动的、向上的东西。"①

---

①　曾文彪.校长钱伟长 [M].上海：上海大学出版社，2012：234-235.

2
勤思

一年之后，钱伟长跟上物理系的所有科目，这听起来或许不过是一句轻描淡写的话，但其背后却是非有辛勤、坚韧而不可的。在高中时，钱伟长的物理、化学就是囫囵吞枣，数学也不够有系统，英文也不好。为了能留在物理系学习，实现科学救国的愿望，他必须竭尽全力。特别是在第一学期，他除了学习正课和做实验外，还要自己补习英文和中学的一些基础数学。所以他比别的同学都要更勤奋。

早晨6点起床，晚上宿舍10点熄灯，他就跑到厕所里看书，一般是看到过了12点才回房间睡觉。每天算下来，他一天也就睡5个多小时。最初，他一直认为自己算得上是清华大学里最刻苦的一名学生了。有一天早晨，他意外地走到了一个平时没怎么去过的地方，在那儿，他见到一个"学生"，人家已经读完书，正在散步了。后来一聊才知道，那位"同学"每天3点钟起床开始学习。等到钱伟长起来学习的时候，人家已经学习了3个小时，开始散步了！他，就是华罗庚。

华罗庚初中毕业后进入上海中华职业学校就读，但是因为家中付不起学费而不得不中途退学。他曾在金坛一个杂货铺当伙计。因为热爱数学，他用5年的时间自学完成了高中和大学低年级的全部数学课程。1929年冬天，因为不幸染上伤寒病，左腿落下终身残疾，以致走路都要借助手杖才行。他对中学数学教育有着独到的见解，1930年春，华罗庚发表了一篇名为《苏家驹之代数的五次方程式解法不能成立之理由》的论文，轰动了整个数学界。清华大学叶企孙看到这篇文章后，说此人应该好好培养，亲自跑到金坛，将华罗庚请进清华大学图书馆担任馆员。巧的是，这一年钱伟长也正入学清华。

进入清华后，华罗庚依然坚持不懈地研究数学，他还被允许随堂听所有的课，愿意听什么课自己挑。两年后，他听完了所有的数学课，并写出了一篇数学方面的文章。一位同学替他翻译成英文，投稿到日本北海道大学校刊上发表，被公认为一篇很好的论文。后来，华罗庚在数学系担任了助理、助教，还被提升为讲师，一连发表了数篇文章。1937 年夏天到 1938 年，华罗庚去芝加哥大学进修一年，回来后，被破格提升为教授。

华罗庚学习的刻苦深深打动了钱伟长。"世上无难事，只要肯登攀"，自古以来，学习总是一个输入和输出兼具的过程，唯有输入的是学习的勤奋、刻苦和坚持，输出的才能是真正的快乐。钱伟长说："学习也是实践，不断的学习实践是人们才能的基础和源泉。没有学不会的东西，问题在于你肯不肯学，敢不敢学。"①

当然，学习并不是一味用力，更重要的是，要善于思考。正如《论语》中所说："学而不思则罔，思而不学则殆。"经过多年的学习，钱伟长越来越重视学会自学的重要性。他认为，养成自学的习惯，学会自学的本领，不但能学好，而且能真正把知识学通、学活，这样在日后的工作、学习中，才能不断吸收新知识，进行创造性工作。这种思考和学习科学的研究不谋而合。学习科学的代表人物之一约翰·布朗强调，21 世纪的学习不

---

① 顾传青. 钱伟长校长和钱伟长教育思想 [M]. 北京：科学出版社，2011：73.

再是为了知识的保有，而是为了促进它的流动，学习的目的在于参与知识的流动，并在这种流动中借助集体智慧，以社会建构的方式创造新知识，尤其是隐性知识，进而拥护和推动教育乃至社会变革，因此有必要创建一种以人为本，"我参与故我在"的集体社会建构型学习文化。只有这样一种学习文化才能陶冶我们的心灵，唤起我们的激情，激发我们的想象，尽情拥抱这个数字化新千年给人们带来的各种可能，以学习科学打造人类终身学习的新苍穹。① 从社会发展的现状和趋势来看，终身学习意识的建立的确具有非常重要的作用。我们有必要认真思考究竟应该学习什么，如何学习。

钱伟长在自己学习过程中还摸索出了一套行之有效的学习方法，并对学习有了非常深刻的认识。我们现在来分享几则他的学习见解。

学习是"森林"还是"树木"之辨。钱伟长认为，学习并不是死读书，读死书。死用功学来的知识也是死的，正如没有消化的东西即便是进入体内，也谈不上有营养。学习中不能只见树木不见森林，也就是不能只看到书中的具体内容，而不关注书的总体骨架。他说："所谓要看到森林，就是要看到森林有多大面积？它有多少树木？这是关键。在此基础上才能谈到什么树最重要的问题。只靠背书是得不到这个概念的。听一节课后，要先思考一下教师讲了哪些内容？其中主要部分有哪些？每部分解决什么问题？何种道理？解决了什么问题？就这么多。要首先了解总体骨架，其次再是肉的问题。肉很重要，但不知骨架只去吃肉是不行的。"② 这一番话

① 郑旭东 . 学习研究新科学创建的辉煌历程——学习科学成功之道探秘 [J]. 开放教育研究，2011（1），49.

② 钱伟长 . 谈大学生的学习 [C]// 钱伟长 . 钱伟长文选（第五卷）. 上海：上海大学出版社，2012：109.

非常形象地解释了学习内容的吸收、消化问题。

学习之"搬石头"与"走大道"之选。在学习过程中，每个人都会遇到一些难懂、难解的问题。对于这种问题的处理是非得啃下"硬骨头"才行，还是选择躲避？钱伟长自有一番心得体会。他将学习过程比喻成大道，将学习中遇到的一些难题比作小石头。他说，大家在走路的时候，难免会碰到石头、瓦片之类的小障碍物。这时，大家基本上都会选择绕过障碍物继续前行。学习和走道是相通的。"除非有重大的关键的问题非及时弄清之外，有些暂时弄不清楚的问题可以暂时放下，过一个阶段后，你的知识水平提高了会自然解决，也可能在老师讲到一定阶段后会解决的。老师讲课总是有先有后，先提出问题，再逐步解决问题，今天提到的问题，可能今天说不清楚，要过一段时间后才说得清楚。你们的学习也是一样，不要急于立刻弄懂那些小问题，我就是这样学习的。"①

钱伟长还有一个良好的学习习惯——建立一个问题本。他自知自己的理解基础差，听课时有些问题一时听不懂，他就把课堂上听不懂的问题及时写在本子上，待后面慢慢解决。解决掉一个问题，划掉一个问题，这样反而更加节约时间。时间如白驹过隙，学习还是应该大步前行，不要因小失大，无须长时间滞留在极个别的问题上。

学习之"芝麻"与"西瓜"。荀子《劝学》中说：君子善假于物也。学习知识也是如此。从具体知识开始学起，但是更要学会内容中的最重要的部分。同时，还要注重思考，探究问题的逻辑性，找寻其中的逻辑轨迹，而非单纯地依靠死记硬背。钱伟长认为，学习必须讲究学习方法，战

---

① 钱伟长.谈大学生的学习 [C]// 钱伟长文选（第五卷）.上海：上海大学出版社，2012：109.

略性问题如同西瓜，战术性问题则更像是芝麻，切不可抓了"芝麻"，丢了"西瓜"。他还鼓励学生，必须树立自信，要看到自己的所长和进步。只要每个人下定"自强不息"的决心，任谁都会取得很大进步。在学习方法上，他反对有些学生上课只是闷头抄黑板的做法，也反对那些只抄笔记忽略听讲的行为，更反感有的学生上课记笔记、下课念笔记、考试背笔记的学习法。这些做法看似认真，其实恰恰是偏离了正确的轨道。

上课的时间非常宝贵。所以这个时间要以听讲为主，边听边记，可以把教学内容用自己的语言简单扼要地、概括地记下来，也可以把听不懂的问题记下来。但是，重心一定要明确——决不能因为记笔记影响听讲。听不懂的问题，可以通过课后看书、查资料或者请教老师或同学解决；听懂的部分，无须重复，但是可以通过看有关资料进一步深化。钱伟长的老师曾经告诫他们，学习应该越学越少。也就是说，记住主干部分，丢掉次要问题。

记笔记的方法同样很重要。钱伟长在记笔记时，一般都是先用铅笔，然后再用黑笔在重要的问题上加重、突显。每过一段时间他都会打开笔记复习，虽然有时只是翻一翻，但是因为已经做过区分处理，主次内容非常明晰。

3
师恩

　　四年的大学生活给钱伟长留下了深刻的、美好的印象，尤其是当时的几位教授让他刻骨铭心。除了吴有训先生、叶企孙先生，还有萨本栋先生（后来任厦门大学校长）、周培源先生、任之恭先生和霍秉权先生（新中国成立后任河南大学校长）等知名教授也在物理系授课。所有教授都非常重视科研工作，尤其是实验室工作。他们对学生的教学实验也非常重视。学生从借用仪器设备开始，逐步过渡到独立自主进行实验。这种综合性的实验训练让学生收获匪浅，其教学效果远远超过助教老师事先安排好的、只让学生做一些测定工作的实验课。教师们除了指导学生上实验课，他们都有自己的实验科研课题，每天兢兢业业、夜以继日地工作。真正是"躲进小楼成一统，管他冬夏与春秋"。老师们眼界宽，思维广，所研究的问题都是当时的物理学前沿热点，这给学生们树立了很好的榜样。

　　在物理系内，还有一种优良的学风让学生们受益终身。叶企孙、吴有训等各位老师鼓励自学、倡导在学术问题上自由争论，鼓励学生拓宽视野，选读化学、数学，甚至机械、电机、航空等外系课程。系内学术空气浓厚，师生打成一片，学术讨论"无处不在""无时不在"，有时一个学术问题能从课堂上争论到课堂下。老师们常常从逻辑和历史的角度提出问题，启发学生思考、争论。经过自由争论，科学的精髓逐步深入学生的思想之中，演化成了每个人自己的东西，印象深刻，终生难忘。

为了加强学术交流，系里还经常组织学术研讨会，有时还有欧美著名学者短期讲学、学术访问。如欧洲著名物理学家玻尔（N.H.D.Bohr）、英国学者狄拉克（D.A.M. Dirac）、法国学者朗之万（Paul Langevin）、美国信息论创始人维纳（N.Wiener）和欧洲航空权威冯·卡门（Th.von Karman）等。这让学生们接触到了世界上科学发展第一线的问题和观点：从玻尔原子模型观点引发了核外电子间的相互作用，从狄拉克的正电子假设联系到赵忠尧教授的伽马射线实验结果的理论假说问题，从维纳的信息论看到了科学的交叉发展问题，从冯·卡门的湍流方程问题引起对流体力学湍流问题本质的讨论等。

这样优良的教育环境自然是硕果累累，不仅成长起来我国新一代的物理学者，如王竹溪、彭桓武、钱三强等，还有中国科学院学部委员华罗庚、张青莲等，美国科学院院士林家翘、戴振铎、陈省身等。

钱伟长第一次与吴有训老师打交道是在刚入清华大学的时候。九·一八事变后，他和很多热血青年一样激发了"科学救国"的热情，决定弃文从理。吴老师分析了钱伟长的各科入学考试答卷，力劝他还是应该根据个人的条件选择院系，而不是单凭热情。物理系每届都有一半学生因为受不了学习的重负而转系，这对学校和个人来说无疑都是损失。当他看到钱伟长瘦小羸弱的身体，更是担心他应付不了物理系功课的负担。经过几番"协商"，吴老师终于有条件地应下了钱伟长的申请。

吴老师讲授的是大学一年级的普通物理课。据钱伟长的回忆，吴老师讲课与众不同，从不带讲稿，也不照本宣科。他在《书山有路勤为径》中写道："（吴有训老师）每次课讲一个基本概念，从历史发展讲起，人们怎样从不全面的自然现象和生产经验中，得到一些原始的往往是不正确的概念，以后从积累的生产经验中发现有矛盾，又怎样从人们有意安排的实验中，来分辨这些矛盾、概念的正确和错误，从而得出改进了的概念。在进一步的实验中，又发现这种概念的不完备性和矛盾，再用人为的实验进一步验证和分辨其真伪。这种人类对物理世界的认识，以及怎样用这种认识来提高我们的生产水平和满足生活需要的各种事实，激发了同学们对知识的追求探索，启迪了同学们掌握学习的正确方法。听这样的课，真是最高的科学享受。"①

钱伟长在物理专业学习之初，还不能掌握大学学习的方法。他依然延续中学时的学习习惯，只顾听课、记笔记。没想到，连续7个星期的课堂测验，他居然都不及格。吴老师耐心地指导他，学物理不能像学中文那样，不能追求文字方面的死记硬背，而是要认真体会概念，要学通，通了才是懂了，懂了才能会用，用了自然就能记住了。所以上课的时候，不能只顾记笔记，时间允许的情况下，可以写一些精炼的标题，或者核心的概念名词，但首要的还应是专心听讲，力求课上能听懂，课后复习的时候，可以用自己的语言再行整理。在整理过程中，如果有不明白的，可以查阅有关的参考书。这样学习才能事半功倍。

针对钱伟长英文基础不好的状况，吴老师还专门给他中译本讲义。在日常学习中，他还经常给予钱伟长具体的指导，一步一步引导他从死记硬背向掌握科学的学习方法转变。这些做法有效培养了钱伟长的自学能力，为以后的学习打下了良好的基础。当然，他的学习成绩也得以大幅度的提升。第一学期期末，钱伟长的物理及格了；第二学期期末，他的各科成绩

---

① 钱伟长. 书山有路勤为径 [C]// 钱伟长. 钱伟长文选（第五卷）. 上海：上海大学出版社，2012：360.

居然都已经追到 70 分以上了。按照当时的考核成绩来看，70 分以上已是实属不易，90 分以上的更是少之又少。他实现了自己的承诺！四年后，他更是以优异的成绩毕了业！

长期的朝夕相处，吴老师的言行品德也给钱伟长留下了深刻的影响。吴老师每天清晨 7 点就到系里，上午办公、讲课、谈话和研究问题，除了午餐、晚餐外，他整个下午和晚上都在实验室和图书馆里，孜孜不倦地从事科学研究工作。这让钱伟长逐步理解了科学工作的含义，明白了一个中国青年对民族和祖国的责任，也更理解到一个从事科学工作的人一生将要付出的代价是无法想象的。吴老师热情关注学生的成长，细致全面地了解学生，不论工作多忙，他总是和颜悦色地接待每一位学生，不厌其烦地解难释疑。"润物细无声"，这种言传身教，没有说教，更没有训斥，却深深影响了青年学子们。

吴老师还非常重视培养学生的实验技能。这对物理学习来说，是重要的能力目标，是"渔"。物理系一年级学生必须掌握处理测量精确度的方法；二三年级以后，应该能够自行选取实验用具和仪器；而到了毕业时，学生应该具备自行设计、焊接、制作仪器的能力。吴老师在第一堂物理实验课上，安排学生用一根 10 厘米长的短尺，量取一段约 3 米的距离，要求必须达到一定的准确度。这可以有效训练学生对测量误差的处理能力。在接下来的四年学习中，钱伟长他们接受了严格的训练，同学们也都非常认真，有不少学生以实验室为家，甚至一连多少天都是睡在实验里的行军床上。吴老师总是跟学生们在一起，共同面对困难，共同接受挑战，共同收获成果。实验室里，不时传出吴老师开心的笑声，不时又传出他那浓重的江西口音……

诗句云："问渠那得清如许，为有源头活水来。"吴老师非常重视对学生的科学知识的全面培养，不仅要求他们学好本系的课程，而且还指导他们多选修数学、化学等外系的重要课程。选修要求和数学系、化学系的本系学生一样严格，没有区别对待。很多学生都积极参加选修，甚至有一些学生修满了两个或三个系的学分。这样的学习，为他们一生从事教育、科研工作打下了坚实的基础，更适应生产需要。

吴老师对学生的生活同样是尽心尽责，时刻关怀。钱伟长大学毕业后，考取了中央研究院研究实习员，同时也考取了清华大学物理系的研究生。但是研究实习员的月薪有70元，研究生的每月津贴只有24元。他家境贫困，需要负担家庭生活。在选择的时候，虽然一心想继续学习，但是考虑经济方面，他还是决定放弃读研。吴老师得知他的情况后，指点他去考上海商务印书馆的高梦旦奖学金。幸运的是，钱伟长考取了，每年可获得奖学金三百元，家庭经济负担得以解决。后来他又考取了留英公费出国。

叶企孙叶老师也是对钱伟长影响最深的老师之一。钱伟长曾专门写了《怀念我的老师叶企孙教授》一文①，里面详细记载了叶老师的一生、突出贡献以及他对学生的关爱。

身穿灰色长袍，脚上穿着一双布鞋，身材不高，长相和蔼，这是叶企孙老师给钱伟长的第一印象。叶老师和青年学生关系密切，他长期居住的北院七号也是年轻学生造访和论谈的场所。五四运动后，清华的学生运动接连不断，他们常常到叶老师的住所商议事情，每次叶老师都抱着同情的心情参加讨论。一二·九运动期间，有几次反动军警包围搜捕清华学生，

---

① 钱伟长.怀念我的老师叶企孙教授 [C]// 钱伟长.钱伟长文选（第五卷）.上海：上海大学出版社，2012:216-230.

有不少学生领袖就躲藏在叶老师的家中。1932年，刘汝明在喜峰口抗击日寇，清华学生分批去喜峰口慰劳前线将士，叶老师主动为大家向校方交涉大客车的使用事宜。后来，还亲自和学生一起前往喜峰口外的潵河桥前线参加慰问。1936年，傅作义部下在绥远百灵庙痛击日本侵略军，清华师生再次发起慰问前线的活动，叶老师积极发起教师捐款，还倡导教师家属利用自家的缝纫机制作棉衣，为伤病员提供卫生疗养用品，一起送往百灵庙前线。

1936年2月的一天，北京反动军警突然包围学生宿舍，搜捕地下党的领导成员。当时的地下党书记是牛佩琮。军警到时，他在房间旁边的盥洗室里洗漱。钱伟长缠着军警，牛佩琮听到动静，赶快逃走，飞奔到北院七号叶老师的住宅，在那里他换了叶老师的司机周师傅的衣服，从北院后边的牛奶场溜出，从此再未返校。

一二·九运动开始不久后，清华学生抗日救国会的22名成员组织了一支自行车南下宣传队。他们于1935年12月24日清晨6点离开学校，1月13日抵达南京，1月15日在南京中央大旅社和中央大学等处散发反蒋传单时，全体被捕。钱伟长也是其中的一员。出发前，叶老师得知物理系有6名学生参加这一活动，专门派熊大缜给钱伟长送去了行装，并把另一名学生的新自行车借给他，熊大缜还把皮夹克借给钱伟长御寒。出发的那天早晨，叶老师和梅贻琦校长在大礼堂前为宣传队送行。宣传队的同学后来才知道，其实，叶老师早在宣传队出发伊始，就派出体育教师张龄佳前往天津、济南、徐州等地为他们打前站，疏通当地当局，给学生们放行。在南京被捕后，叶老师又动员南京中央研究院物理研究所所长丁西林等出面为学生交涉，宣传队这才得以押解至郑州，放逐北返了事。叶老师一辈子独身，但是他对学生可谓是亲如己出。

抗日战争开始后，清华长沙分校开学，清华师生不断自天津逃离北平。清华校内还有不少贵重的东西，如当时国内独一无二的一批放射性镭、一些贵重的小型设备等短时间内还无法运走。学校安排叶企孙老师留在北平主持工作，并设法解决南下师生困难，特别是为他们提供旅费资助。叶老师用自己的积蓄和学校留在北方支援滞留北平和天津的教师南去的经费，通过熊大缜支持冀中区。在天津的一些同学也都在叶老师的支持下做一些冀中的技术后勤工作。遗憾的是，随着后勤要求的日益增加，叶老师的财源很快就山穷水尽，不得已，1938 年 10 月，叶老师离开天津南下去筹措资金。12 月，当他到达昆明后，却收到熊大缜被冀中区误会为国民党特务而被捕的消息。叶老师心急如焚，力求反映真实情况，营救熊大缜，没承想熊大缜已遭处决。新中国成立后，叶老师还多次通过组织，要求给熊大缜平反。直至 1977 年，叶老师辞世之际，仍然惦念此事。所幸，几年后，钱伟长辗转几次终于找到明确的证明，为熊大缜平了反。叶企孙老师的一生真正是为爱国事业尽责尽职的一生。

有关学术和科学技术的国际动态和国家需要的话题，也是叶老师客厅内的热门话题。他的书房、客厅，桌子上、地板上到处都是书。他还经常阅读英国的《NATURE》杂志，及时了解科学技术的最新发展动态，并时刻引导学生对这些信息的关注，尤其是我们国家当时比较缺门的学科。他深知这些缺门学科对我国发展的重要性，因此，时时鼓励学生一定要重视这些学科的研究，要及时跟进、补缺。像海洋学、地震、地球物理、地质板块学说、航空和高速空气动力学、湍流、金属学、金相热处理、无线电和电真空、气象学、大地测量、水文学、信息论、天文和天文望远镜、矿物学、潮汐和海浪、酶和蛋白质、生物化学、遗传学和物种变异、植物保护、森林和沙漠、地下水等科学技术问题都是叶老师时刻关注的焦点。

叶企孙老师时任留美公费生的考选委员会主任，还是留英公费生考选委员会的重要成员，每年都按学科选派公费生攻读博士学位。他动员王大珩、龚祖同去英国学习玻璃工业技术，傅承义去美国学习地震、赫崇本学习海洋学、赵九章学习海洋动力和海浪、王遵明学习铸工和热处理；涂长望去英国学习气象，钱临照学习金属物理等。除了清华大学的毕业生，叶老师也关注非清华大学的学生。20 世纪 30 年代，有不少青年在他的指导下出国学习，学成归国后，特别是在新中国成立后，成为我国不少学科的创始人。叶老师为我国科学事业的建设做出了非常重要的贡献，可谓功不可没。

叶老师还有一个良好的习惯，那就是非常重视科技图书资料的收集。只要他听说谁从欧洲回国或者去访问欧洲，他一定要托付那人去瑞士文化科技城市苏黎世的旧书铺去看看有没有 19 世纪下半叶到 20 世纪前半叶之间的著名科学家的专著、全集、选集和历年过期的有名的科技学报、期刊，并代为学校、系部购买。通过这样的积累，清华大学图书馆在 1922 年至 1937 年的十多年间收集了大量宝贵的资料。这对清华大学推进科学研究和学风建设等工作起到重要的助推作用。1936 年，日寇侵入华北前，叶老师等人将这些资料打包、装箱，运到重庆，藏在市内的山洞中，胜利后又将它们运回清华。这些科技图书资料非常重要，其中还有一些是国内独一无二的，如《法兰西科学院院报》《德国物理学时报》《英国皇家学会汇刊》等。难得的是，这些资料都是从 1840 年前后开始。此外，还有欧拉、拉普拉斯、斯托克斯等人的全集。

叶老师是上海人，说话有些口吃，口才也一般，但是他讲课的逻辑性很强，层次分明，尤其是讲物理概念的发展和形成过程时深入浅出，引人入胜，让人一字一句都不舍得错过。叶老师日常还要担负学校的行政工作，但是，无论他有多忙，他每学期还是要承担一门课。在四年的学习中，钱伟长听过叶老师讲的热学和热力学、光学、声学和近代物理。其他班级还上过叶老师的物性学、量子论、原子光谱学等课程。

1939年春天，钱伟长到达昆明西南联大。叶老师因为要到重庆接任中央研究院总干事一职，所以他把物理系二年级热力学的授课任务交给了钱伟长。钱伟长自觉已经学过这门课，学得还不错，因此满口应承下来。但是，拿到叶老师的笔记时，钱伟长一下愣住了。叶老师的备课记录上讲的基本原理虽然还是熟知的热力学第一定律、第二定律，但是所引用的实例是有关金属学的热力学性质。他清楚地记得，当时叶老师给他们班讲热力学时，所用的实例都是气体定律方面的，如理想气体定律、范德瓦尔斯方程、临界状态和气体的热力学函数等。这些内容都是当时工业研究中的热点问题。但是，30年代后期，受到第二次世界大战的影响，金属学发展迅猛，金属的热力学性质有了长足的进展，虽然热力学的基本物理定理没有太大的变化，但是在应用方面其重心已经转移到了金属学方面去了。可见，叶老师时刻在关注科学研究的前沿信息，他把金属学学术期刊上的最新进展中利用热力学定律的部分，及时吸纳进了自己的讲稿之中，带进课堂。

叶老师的这一做法深深触动了钱伟长。做老师不容易，做大学老师更不容易。每年虽然讲的都是同一门课，但是时代在改变，社会在发展，基本理论的应用范围也应该随着时代的步伐一起向前。作为老师，更要紧跟时代、科学发展的步伐，经常阅读国际期刊，掌握前沿信息，随时汲取新的内容、新的养分，消化、注入课堂中，保持课堂的新鲜度和时代感。这才是一个大学教师应尽的责任。自那以后，钱伟长也树立了自己的讲课原则。后来，理论力学和材料力学他也连续讲过十年，但是每年讲课，他都会结合各门工程的最新发展，讲很多新的、实际的问题。

清华大学物理学系以教授阵容整齐、学风严格活泼、学生人才辈出而闻名于世，在物理学系还有一位大名鼎鼎，被誉为清华"三剑客"之一的青年教师。他，就是周培源教授，也是物理学系中最年轻的教授。[①]

周教授主讲理论力学，同时担任高年级的相对论、电动力学、统计力学等理论物理的课程。他采用启发式的教学，常常鼓励学生在课堂上随时提问，甚至可以展开辩论。钱伟长记得，周教授讲滑轮一章时，引入猴子爬滑轮的问题，组织学生进行辩论。辩论持续进行了两堂课，虽然老师自身不讲课，只让学生辩解，但是学生普遍反映收获很大，每一位学生都深入理解了动力学和静力学的本质区别，增强了学习的自尊和自信。这种启发式教学得到学生的普遍欢迎，他们非常喜欢这种民主式的教学方式，喜欢自己主动钻研问题的过程。有时，老师和学生在课堂上甚至会争得面红耳赤、相持不下，但是从未损害过师生情感。

平常生活中，周老师同样是以民主、平等的态度对待学生，不论是在校园里还是在自家客厅里，大家随时可就学术问题展开讨论。在周老师的影响下，物理系有许多学生如王竹溪、彭桓武、林家翘等，都走上了理论物理的研究道路。

---

① 钱伟长. 忆旧事 祝周老师 90 寿辰 [C]// 钱伟长. 钱伟长文选（第四卷）. 上海：上海大学出版社，2012:304-305.

4
运动

钱伟长在清华大学学习期间还有一个重大的收获是来自体育。他是从那个时候开始体育锻炼的，也是从那个时期开始真心体会到体育对人的重要性。体育锻炼可以为人们带来健康的身体，可以培养人的分析能力、决策能力。这些恰恰是素质教育中非常核心的内容。

新中国成立前清华大学就非常重视体育，当时马约翰教授负责学校的体育课。他规定，在清华大学体育是必修课，体育不及格不准毕业，不发文凭。一年级学生的百米跑要达到规定时间，四年级学生游泳要能游够25米；经常性开展足球、篮球、排球、田径比赛等。清华大学的体育设施也好，有体育馆、游泳池。同时，学校还有制度上的约束，如每周一到周五下午4点到5点是强制运动时间，图书馆、宿舍、教室一律关门上锁，全校每一个学生必须到操场锻炼。

而马约翰教授还为这一制度再次"加码"。为了防止有的学生在锻炼时间内躲在树荫、墙角等地方读书，他一到锻炼时间，就拿着小本子四处找人，不断劝服那些躲避锻炼的学生。他自己更是以身作则，不仅和学生一起锻炼，而且指导他们采用科学的锻炼方法。他根据学生身体素质的不同，将学生分为不同的活动小组，有针对性地进行活动。

清华大学的入学考试也有体育项目的考核。钱伟长当时考核的是投篮板球和跑步。小时候家里穷，加上经常生病，所以他的身体很差，身高也只有 1.49 米。投篮板球的时候，他一个都投不中；后来跑步的时候，虽然之前没有跑过，但是，钱伟长上了操场，不管三七二十一就是拼命地跑。他的这股子拼劲儿一下子吸引了马老师的注意。一天，钱伟长从图书馆出来，看到操场上围着很多人，走过去一看，原来是要进行越野比赛。每个年级出十个人，但是钱伟长他们那个年级只有九个人，这时马约翰正巧看到他，说："你来！"钱伟长也愣住了，但是，他还是像入学考试一样，先跑起来！想不到，居然在 40 个人中名列第八！就这样他被选进了马约翰教授的校田径队，从此开始接受正规的训练。

马约翰教授对所有的运动员还有一条要求，那就是，学习上不能有任何一门课不及格，任何人都不可以例外。马教授强调，体育运动是帮助学生学习的，比赛就是关键性的学习，错了不要紧，改了就是好样的，并不在于你失败的过程，你要认识这个过程，所有学科都是这样。[①] 经过马教授的专业训练，这支运动队的十个人不仅在运动方面收获良多，而且他们在学术上也都颇有建树，他们中有五人是中国科学院院士。

在长期的体育锻炼中，钱伟长对体育运动的体会和认识也越来越深刻。[②]

首先，体育运动可以有效提升人的决断能力。在体育运动过程中，人必须要分析自己面对的形势，并快速决定自己该怎么办。比赛时，时间紧迫，没有时间慢慢思考，这就要求有快速分析、决断的能力。

其次，体育运动可以让人了解自己的弱点，并懂得如何自我克服。马

---

① 钱伟长 . 在校长体育论坛会上的讲话 [C]// 钱伟长 . 钱伟长文选（第六卷）. 上海：上海大学出版社，2012:231.

② 钱伟长 . 体育与全民素质的提高 [C]// 钱伟长 . 钱伟长文选（第五卷）. 上海：上海大学出版社，2012：355.

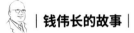

约翰教授常常会告诫他们：不要老想着赢人家，要想着克服自己的弱点，每一次都能够克服自己的一些弱点，就能够不断地胜利；战胜自己而不是战胜别人是我们唯一的目的。钱伟长他们还有一句口号：比赛时达到的成绩应该超过平时训练的成绩。在这种思想的指引下，田径队员们非常注意找寻自己的不足，并通过克服自己的弱点提高成绩，从而战胜对方。《周易》中说："天行健君子以自强不息。"清华大学将其化用作为校训中的一部分：自强不息。其实所谓的"自强不息"与克服自己的弱点、战胜自己的理念是完全一致的。

再次，所谓的术业有专攻，体育运动一定要有基本的医疗卫生知识。钱伟长刚入田径队时，马约翰教授就告诫他，有拼劲，敢于拼，自然是好，但是千万不能蛮干，一定要了解自己的身体，知晓自己的体力情况。知道如何保护自己，配合循序渐进的训练，清华大学的运动队队员没有出现过受伤的情况。他们每两天从清华园到颐和园跑一个来回，大约四千米的距离；每两周从清华园跑到西直门，大约八千米；每个月从清华园跑到天安门，约一万两千米。冬天，也要正常训练，而且各个项目的运动队员都要参加；其他季节，他们在校内进行技术训练。

此外，体育运动还可以培养人的多方面能力。如运动场会让人学会如何相互配合，建立良好的人际关系；还可以锻炼人的意志。

经过这几年的锻炼，钱伟长除了掌握了一些体育技能外，更让他欣喜的是，他的个头居然也长了将近15厘米，身高达到了1.65米！这是多么大的惊喜啊！他的祖母和母亲对此非常高兴。

在奥林匹克运动的故乡希腊山的岩石上刻着这样的文字：你想变得健康吗？那就跑步吧；你想变得聪明吗？那就跑步吧；你想变得美丽吗？那

就跑步吧！清华大学的体育生涯为钱伟长积累了人生中的另一笔财富，直到 40 岁左右，钱伟长依然坚持着体育锻炼的习惯，在 60 岁时还参加万米赛跑。体育运动不仅激发了他的体能素质，在体育竞技过程中激发出来的耐力、意志力更是面对人生困苦时的一剂良药，它能在人生的低谷期给予人们战胜困难的勇气；它能在人生的迷茫期为人们拨开迷雾看到光明；它能在人生的巅峰期为人们把握住正确的方向。

5
留学

1939 年 7 月，钱伟长参加了中英庚款基金委员会组织的第七届留英公费生选拔考试。本次招生有 20 个名额，报名人数超过三千人。力学名额本来只有一个，因为钱伟长、林家翘和郭永怀三人的考分基本相同，考试委员会商议后，决定三人同时录取。由此，包括他们三人在内，段学复、傅承义、张龙翔等九位西南联大的学生考取了这一届的留英公费生。8 月，他们接到中英庚款会的通知，定于 9 月 3 日自香港赴英。9 月 2 日，当他们一行 22 人到达香港时，第二次世界大战爆发，所有去英国的客轮全部被扣作军用。庚款会叶恭绰先生决定延期出发，大家返回昆明等候通知。

返回昆明后，钱伟长从王竹溪那里借到一本拉夫著的《弹性力学的数学理论》。通过阅读发现，当时国际上关于弹性板壳理论的研究非常混乱，不仅板壳分开，而且各种形状的板壳，都有不同的方程。钱伟长决定利用这段时间好好研究一番。他以三维弹性力学为基础的内禀理论切入，利用高斯坐标的张量表达的微分几何表示变形和应力分量，居然得到了前所未有的统一内禀理论。这实在是一大惊喜。

1939 年 12 月底，庚款会通知赴英留学生在次年 1 月底前往上海集合，通过海运转加拿大留学。由于"二战"，英国皇家学会的会员，还有很多英国知名教授，都到加拿大避难去了，所以这批留英学生也随着转到加拿大多伦多大学。

上船后，留学生们突然发现护照上居然有日本签证，说是允许他们在日本横滨停船三天，并可以上岸游览参观。22 名同学非常气愤，当时日本侵略军已经侵占了我国大半国土，怎么能接受敌国政府的签证呢？他们当即携带行李下船，宁可不留学也不能受这种屈辱。英国代表跳脚谩骂，试图阻止他们，大家还是坚持民族大义，毅然返回昆明。

1940 年 8 月初，钱伟长他们第三次接到留学通知，仍然是到上海集合，乘船去加拿大。这次航行一共 28 天。9 月 14 日，他们顺利抵达温哥华，改乘火车，三天后终于抵达多伦多大学。

钱伟长和林家翘、郭永怀同入应用数学系辛格教授门下学习，林家翘和郭永怀专攻流体力学，钱伟长则专攻弹性力学。虽说是两个研究方向，但是所学课程是一样的。流体力学和弹性力学都是辛格教授讲授，相对论和理论物理都是由爱因斯坦的大弟子英菲尔德教授讲授。[①]

第一次和辛格教授见面时，钱伟长意外地发现，他和辛格教授都在研究弹性板壳的统一内禀理论，只是辛格教授研究的是宏观理论，而自己是集中在微观理论方面，虽然当时他们所得的结果还不能统一，但是他们都深信这两者既是同一实质问题，最后一定能统一起来。师生二人相谈甚欢，辛格教授竟然当场决定，在接下来的一个月内，两人用已研究的结果，分两段写成一篇论文，提交、参加美国加州理工大学航空系主任冯·卡门教授六十岁的祝寿论文集。

1941 年夏季，论文集刊出，一共收录了 24 篇论文，其作者都是第二次世界大战时集合在北美的一批知名学者，如爱因斯坦、老赖斯纳、

① 钱伟长.八十自述 [C]// 钱伟长.钱伟长文选（第五卷）.上海：上海大学出版社,2012:33-36.

冯·诺依曼、铁木辛柯、科隆等。钱伟长是其中唯一的一名学生，而且是中国的青年学生。这篇论文也是第一篇有关板壳的内禀理论，几十年来深受国际上的重视。这对钱伟长来说，是极大的鼓励，从那以后，他更敢于挑战疑难问题。

钱伟长和辛格教授合作的这篇论文受到数学界和力学界的普遍重视。[①]荷兰工程力学教授哈里·鲁坦评价说："辛格和钱的工作，继承了19世纪早期柯西和泊松的工作，在西方力学文献中重新注入了新的生命力。"1982年，盖拉格教授在上海国际有限元会议上介绍钱伟长时再次提及这篇论文，他说："钱伟长教授关于板壳统一内禀理论的论文，曾经是美国应用力学研究生在40年代至50年代必读的材料。钱的贡献，对以后的应用力学发展影响深远。"

又经过一年的努力，钱伟长终于打通了弹性板壳的统一内禀理论的宏观和微观之间的关系，并将薄板薄壳按照中面薄膜变形、曲率变化和壳的曲率三种量相对于厚度量级进行了理论方程的分类。他还以此为题，完成了博士论文，通过了答辩。接着，他又参加了加拿大国家研究委员会的应用数学组的雷达天线的研究工作。1942年底，他转到美国加州理工大学冯·卡门教授主持的喷射推进研究所工作，任研究工程师。从1943年到1946年，他主要从事火箭的空气动力学计算设计、火箭弹道计算研究、地球人造卫星的轨道计算研究等，还参加了火箭现场发射试验工作等。与此同时，他还在冯·卡门教授指导下完成了变扭的扭转和水轮机斜翼片的流动计算，以及超音速的锥流计算等重要的研究课题。这是钱伟长一生在科

---

① 祁淑英. 钱伟长传 [M]. 太原：山西人民出版社，2010:48.

研工作方面的多产期。

当时在加州理工大学的中国人有周培源教授、钱学森、林家翘、郭永怀、傅承义等人，大家朝夕相处，从世界大事、国事、学术到音乐、艺术，无所不谈。但是，大家谈的最多的话题还是对祖国、同学和家人的思念之情。

他们还就自己的研究工作中遇到的困难进行交流。虽然大家在不同的领域内工作，但是，却常常会碰到性质相似的困难。郭永怀研究的是空气动力学，他遇到了边界层内流速变化大和边界层中的流速怎样跟场流速相适应的问题；而钱伟长在研究板壳的大挠度问题中发现，固定边界附近挠度变化也很大的问题。两人多次交换意见之后，达成了一些共识。基于这些共识，钱伟长和郭永怀在日后的研究中都有了很大的进展。如钱伟长在归国后写出了有关固定圆板的大挠度问题的渐近解，也就是后来的"合成展开法"；而郭永怀则提出了黏性流的匹配展开法，即"庞加莱－莱特希尔－郭永怀（P.L.K）法"。林家翘和钱学森的工作，也被后人认为是奇异摄动理论的先驱者。

正所谓，机不可失，时不再来，他们在出国留学期间，每人都兢兢业业，如饥似渴地追求着、探索着，为以后的研究工作打下坚实的基础。

留学期间，辛格、英菲尔德和冯·卡门教授关于数学和物理关系的见解也让钱伟长受益匪浅。① 这三位老师都是欧洲哥丁根学派的传人。哥丁根学派是应用数学的倡导者，他们都有很深的数学根底，但也有更好的物理过程的理解，认为认识物理过程的本质问题是主要的，数学方法则应

---

① 钱伟长.八十自述 [C]// 钱伟长.钱伟长文选（第五卷）.上海：上海大学出版社,2012:36-38.

力求用在刀口上，要用得漂亮，要用得朴素简洁。为了解决一个实际问题，有时要不惜跳进数学这个海洋，寻找最合适的工具，甚至还要创造新工具。

同时，老师们也告诫学生，数学在应用数学者说来，只是求解实际问题的工具，不是问题本身。辛格教授打了个比方，他说，大家应该有捏着鼻子跳进海洋的勇气，但更应该懂得避免不要淹入海底。懂得在完成任务后爬上岸来，寻找新的物质运动的主题。数学本身很美，不要在里面迷了路，应用数学的任务是解决实际问题，不是去完善数学方法。辛格教授说，我们应该是解决实际问题的优秀的屠夫，而不是制刀的刀匠，更不是一辈子欣赏自己制造的刀多么锋利而不去解决实际问题的刀匠。

钱伟长在研究过程中，也秉承了这一原则，并将其深入具体应用之中。1940 年冬天，他第二次进见导师辛格教授时，详细报告了自己在昆明研究的弹性板壳内禀理论。钱伟长说自己选用了以板壳中面为基础的高斯坐标，辛格教授立刻说宏观理论也采用同样的坐标；钱伟长说，采用了在变形中各点坐标不变的"拖带坐标系"，但变形前坐标框架的基本张量和变形后坐标框架的基本张量不相等，其差值的一半定义为应变张量；辛格教授认为，这是一个创造性的观点，在应变不大的条件下，这个定义和经典定义相等。他认为这是典型的应用数学思想指导下的创造。钱伟长又介绍道，不论变形前还是变形后的基本张量的黎曼曲率张量必须等于零，因为它们都代表实质的平坦空间，所以也就是代表变形协调条件。辛格教授听到这儿，拍案叫绝。他兴奋地说，你博士论文的主体内容就是这个啦，不要介绍了，去完成具体计算任务吧。他又说，你已经懂得重视物理观念的认识，也懂得用数学工具简洁描绘物理观念，你是一个合格的应用数学家了。当晚，激动不已的辛格教授还邀请钱伟长、林家翘、郭永怀到他家去吃晚餐，和他的家人见面。

英菲尔德也很重视这一观点。他还特别为研究生们开设了一门物理学的演进讨论课，用物理学的发展史说明，物理学的历史是人们通过生产实践和实验室科学实践的不断总结，深化对物质运动过程的认识，然后再提高到理论高度；用一定的认识的一些假设，建立物理过程的理论基础，再用数学方程推理、分析、应用，从而研究更广泛的问题，并用一定的实验校核。当校核和理论结果矛盾时，就要对理论中的认识和假设再认识和修改，从而使理论认识不断上新台阶。通过这样的反复过程，物理学就得到了新的发展。英菲尔德教授有一个经典的描述："物理过程的理论认识是战略性的，物理理论的数学处理是战术性的。"战略比战术更重要一些。英菲尔德教授还把这个讨论班的成果整理、出版，在1945-1955年间引起了大家的普遍重视。

1943年初，在冯·卡门教授的指导下，钱伟长研究了薄壁柱体的变扭问题。有一次，钱伟长向冯·卡门教授汇报时提出，闭截面薄壁柱体不能用略去轴向应力作用的假设，而应该认识截面变形很小，可以略去不计，从而轴向应力和剪应力之间应该满足应力平衡方程。冯·卡门教授听了以后，非常高兴，他表扬钱伟长突破了时兴思想认知的束缚。虽然已是夜深，冯·卡门教授非常高兴，他拿出两个玻璃杯和一杯酒，两人一边对饮，一边伏在地毯上一页页地审查、讨论两人联合署名的有关"变扭的扭转"的论文。冯·卡门教授越看越高兴，说这是他一生署名的弹性力学中最富有经典味道的文章，一切解方程的过程，皆充分体现了经典的应用数学的完美和简洁。他说，在弹性力学方面，有这样一篇富有经典应用数

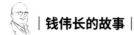
的论文，已非常满意，以这篇论文作为对弹性力学的告别作品，对得起同道了。

通过这次谈话，钱伟长对哥丁根学派的风格和追求有了更深刻的理解，并直接影响了他以后的科研工作。他更感激清华大学的那些恩师们，正是他们教会了钱伟长在科学的海洋中如何徜徉，也正是他们教会了钱伟长，一个人应该学会打通不同学科之间的壁垒，学会将不同学科的特点进行贯通，只有这样才能更好地应用于实际生活和研究。

6
"厉害"

钱伟长徜徉于科学研究的愉悦，他希望通过科学研究让我们的民族从此走向强大；他希望通过科学研究让我们人民从此摆脱贫困，再也没有饥饿和寒冷；他希望通过科学研究让世界走向和平，从此再也没有战争。然而，现实总是残酷的，第二次世界大战的战火依然燃烧着，法西斯的嚣张气焰还是没有被浇灭，人们还在经受着战乱的痛苦。让人愤怒的消息也不断传来：1939 年 9 月 1 日，德军进攻波兰；9 月 3 日，英国和法国宣布对德作战。德国法西斯加强了对东欧和南欧各国的侵略和压迫……两年后，德国又撕毁了《苏德互不侵犯条约》，并向苏联发起进攻，全世界爆发了大规模的苏德战争。接着，在 1941 年 12 月 7 日，日本偷袭了珍珠港，英美开始对日宣战，太平洋战争爆发了。

一系列大规模战争的爆发，法西斯的种种暴行，激发钱伟长和留学生们的愤慨，他们振臂高呼，要为世界的和平做出自己的贡献。此时，恰逢著名的空气动力学家冯·卡门教授和钱学森正在一起研究火箭和导弹。于是，这些热血青年们怀着一腔热血从加拿大来到美国，拜师于冯·卡门教授。钱伟长选择的专业方向是火箭的空气动力学的计算设计、火箭弹道计算研究、地球人造卫星的轨道计算研究等，他还参加了火箭现场的发射试验工作。这些学习对他日后工作的开展来说，非常重要。

冯·卡门（1881-1963），美籍匈牙利人，世界著名的空气动力学专家。他的小学、中学和大学时代都是在匈牙利度过的。大学毕业后，先到德国的哥根廷大学从事空气动力学的研究，后来又在德国的亚琛大学从事过一段时间的教学工作。那时，冯·卡门教授在空气动力学方面的研究已经取得了非常好的成绩，引起了很多人的关注。本来，他可以继续在德国进行他的教学和研究工作，不幸的是，希特勒夺取政权后，开始迫害犹太人，尤其是犹太科学家。这是人类历史上惊心动魄的一段，也是人类历史上最不堪回首的一幕。冯·卡门教授就是在这样的情况下，被迫离开德国，到美国避难，成了美国加州理工大学的一名研究者。20 世纪 30 年代，美国加州理工大学建起了哥根海姆实验室，成立了喷射推进研究所，冯·卡门有幸担当了所长这一职务，从此他的研究天地变得更加宽阔了，他的研究能力和研究硕果也更为世人所熟知。

钱伟长和冯·卡门教授的相识可以追溯到他在清华大学上学的时候。那时，物理系的老师们要求他们的学生，做学问要拓宽视野，要多接触、学习相关的知识。所以，冯·卡门教授应清华大学航空系的邀请前来讲学时，很多物理系的学生跻身其中听讲。那时，钱伟长就对冯·卡门教授心怀仰慕了。没想到，时间过去了五年之后，钱伟长和冯·卡门教授竟然又成就了一段师生缘，跟着他攻读博士后，这不能不说是人生的奇妙之处啊！冯·卡门教授的名下还有其他三位中国留学生，他们是钱学森、林家翘和傅承义。

说到我们这些留学生和他们的导师，还不得不提一提当时的美国。20 世纪 40 年代，那时全世界爆发了第二次世界大战，很多国家都染上战火，成为战场，而美国的本土却远离战场。这种独特的条件为美国的发展提供了重要的机会，无论是社会生产还是人们的生活，无论是经济建设还是科学研究，美国受到战争的影响都是很小的。因此，美国利用这一机会，在全世界范围内吸纳优秀的科学研究人才，培养了大量的优秀的科学家，更重要的是，推动了美国本土的科学技术的发展和进步。

随着战争的深入，美国政府组建了航空喷射机械公司，后来更名为通用航空喷射公司，冯·卡门教授任主席，钱学森、钱伟长等成为了这个公司里的重要成员。他们开始正式从事军用火箭的研究。

1942 年，德军正在研制导弹的消息让很多人大吃一惊，大家还听说，德国人研制的这种导弹射程远，时速快，其技术堪称世界先进。第二年，这个情报得到确认，有位特工说，希特勒当时正在研制一种喷气飞行物，它就是导弹，同时希特勒还在试制火箭。这些消息让世界为之震惊，也更加恐慌。

在这种情况下，美国当局想到了冯·卡门教授和他的学生们。他们迅速投入到这一课题的研究中。钱学森负责研制火箭导弹的发动机，钱伟长负责计算、设计火箭的空气动力学和计算火箭弹道等。6 个月后，他们的研究初见成效。

1943 年 2 月，苏军歼灭了被围的德军精锐部队，取得了斯大林格勒保卫战的胜利，美军、英军等此时把德军、意军驱逐出北非战争。1943 年的 9 月初，意大利投降。1944 年 6 月，美国在诺曼底的顺利登陆，又从背后给希特勒沉重的一击。第二次世界大战进入了新的局面——世界反法西斯战争的决胜阶段。

德国法西斯在这种情况下，如同困兽，但他们依然做着垂死挣扎，企图重新恢复政权。在 1944 年的 6 月 17 日，希特勒下令用新研制出来的"V-1"导弹和"V-2"火箭轰炸英国的伦敦。这也是世界战争史上第一次

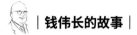

出现导弹的身影。

英国首相丘吉尔向美国求援，美国政府将此事又委托给喷射推进研究所。钱伟长他们对德军的导弹进行了细致分析后计算出了德国火箭的最大射程。根据这一数据，他们建议英国可以采用伪装的办法，在伦敦的城市内造成被狂轰滥炸的假象，让德军误以为他们的导弹射程已经可以从欧洲西海岸到达英国的伦敦。如果德军再次采用导弹攻击方式的话，他们会依然按照上次的射程来进行，这样，英国伦敦反而会在一定程度上躲避掉大面积的、深层次的摧毁。英国军方采纳了这一建议。丘吉尔还不无佩服地感叹道："美国青年真厉害啊！"但是他不知道的是，其实"厉害"的不是美国青年，而是中国青年，是钱伟长和他的同学们。

与此同时，冯·卡门教授也接到了美国当局要求他们研制中远程导弹的任务。经过一番讨论，他们确定钱学森负责理论研究，钱伟长、林家翘负责协作，三人一起共同负责这项工作。众人拾柴火焰高，正是由于他们卓有成效的工作成绩，一批批导弹迅速被研制开发出来，并运到了欧洲战场，这些对法西斯的威慑力自不必言。钱学森、钱伟长他们也成了美国导弹事业的先驱者。

爱国篇

人生路漫漫。青年时期的他弃文从理，只为让我们的国家和民族强大起来。学成归来，钱伟长急切地想把自己的所学和所得回报给祖国母亲。人生也是五味瓶，酸甜苦辣咸，样样俱全。但是，面对人生的苦难，他的选择是：更勇敢地前行！

1
赤子

1943 年的冬天，清华大学的周培源教授应邀到美国加州理工学院讲学，担任客座教授。他的研究课题也是与冯·卡门教授合作的，主要是探讨力学方面的理论。

周先生的到来让很多留学生有了"家"的感觉。大家经常在这里聚会、谈心、聚餐，其乐融融。有时，他们还会露一手自己的家乡菜，请大家品尝。吃着家乡菜，谈着家乡事，大家感到自己的心还是和祖国紧紧地联系在一起。周先生看到这些情景，感慨万分，同时又深感欣慰，他知道这些孩子不管走到哪里，都会记得"根"在哪里，无论外面的世界有多大，外面的世界有多美好，但是他们最终一定会回到母亲的怀抱。

但是，并非所有人的想法都是一致的。周先生在一次偶然的机会遇到一位中国留学生。他问那个学生："你打算什么时候回国啊？"没承想，那位学生的回答是："回国？为什么要回国？如果中国和美国一样强大的话，我就回去。"周先生按住心中的怒火说："祖国的建设需要我们这些儿女的共同努力才行啊，如果我们都不去建设的话，祖国怎能强大？难道就这样坐视不管吗？"那位学生的态度还是很漠然，说出来的话也是字字砸在周先生的心上："漂亮话谁都会说，问题是谁能改变中国的贫穷落后啊！"

周先生把这次经历讲给大家听的时候，大家都很愤慨，同样是中华儿女，同样是龙的传人，同样是喝着一江水长大的同胞，有人竟然是这样看

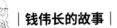

待我们祖国母亲的。周先生看到大家坚毅的眼神，听到大家的心声，倍感欣慰，他语重心长地说："我们的国家在最近一百年确实是落后了，但是我们中华民族自古以来的脊梁没有变，我们中华民族悠久的历史和灿烂的文化依然在，只要我们中华儿女齐心协力、一心一意为祖国做贡献，相信在不久的将来我们头上那顶'落后'的帽子一定会摘掉的。"

先生的一番话在他们的心中激起了层层涟漪。钱伟长回想自己当年进入清华大学时的宏愿——科学救国！也正是因为这一伟大的理想，他才走上弃文从理的道路。几十年后，当钱伟长回顾这一幕时，他仍然非常感慨地说："我是受着国耻纪念日（指5月3日、5月7日、5月9日和5月30日）对于我灵魂上的冲击长大的，因此最后我从学文改学物理。因为当时我认为没有强大的国力是没有办法对付帝国主义的。可是今天，我们看到，可以有不同的办法解决国耻……我们每个中国人应该自强不息。我们承认现在不如人家，可是我们不甘心永远这样承认下去，因此我们需要自强不息，就是在承认我们不如人家的基础上赶上去。人人如此，这个国家就强盛了。不要一天到晚想着个人，没有一个团结的民族，国家就不可能强盛，这个民族每一个分子就不可能得到你所想象的幸福生活。"① 他还对"自强不息"一词做了深入解释。他说："我们的'自强不息'不是指为自己的利益不息，而是要在承认我们的民族目前在很多地方还是落后的前提下奋力赶上去……'自强不息'是我们的精神，要求大家努力。我们要看到自己的差距，因而要奋发努力，为国家争光，为国家建设和强盛添砖

---

① 钱伟长.自强不息，创造性地走向未来[C]// 钱伟长.钱伟长文选（第五卷）.上海：上海大学出版社，2012:330-331.

加瓦。"①

正是因为有了伟大的志向和崇高的理想，钱伟长在知识的海洋里更加努力地拼搏着，他不仅成为世界火箭、航天工程的开拓者之一，还在力学方面颇有建树，完成了一系列重要课题的研究。他和冯·卡门教授合作的论文《变扭率的扭转》被誉为最经典的弹性力学之作。这篇论文也赢得了世界各国学者的重视，至今仍是这个专业领域的重要代表作。

1945 年 8 月 15 日，传来了好消息——中国人民经过艰苦卓绝的斗争，终于取得了抗日战争的伟大胜利。中国人民站起来了，中华民族脱去了屈辱的历史，屹立于世界的东方。此时此刻，钱伟长的心中更是波澜起伏，从自己当年踏上留学的征程，背井离乡，至今已有十余载，祖国母亲刚刚经历过一场浩劫，正是需要中华儿女们进行建设的关键时刻，作为龙的传人怎能坐视不管？钱伟长暗下决心，准备选取适当的时机回国。他想，自己学到的知识如果不能为祖国母亲所用，那它还有学的价值吗？自己辛辛苦苦，漂洋过海学习先进的知识，不正是为了能为祖国做出更大的贡献吗？

被称为中国原子能之父的赵忠尧先生是钱伟长在清华大学读书时的老师，抗战胜利后，他到美国进修，和别人一起凑了钱，买了原子能仪器，准备带回国。美国人百般阻挠，就是不让他回国。为了躲避美国人的追击，他绕道日本，被关押了一年的时间，后来终于回到了祖国的怀抱。这件事深深触动了钱伟长，让他感慨万千，老师的这一义举更是坚定了他回国的信念。

---

① 钱伟长.自强不息，创造性地走向未来 [C]// 钱伟长.钱伟长文选（第五卷）.上海：上海大学出版社，2012:331–332.

其实，当时离开祖国在异国他乡从事科学研究的人也很多。人们常说，科学不分国界，但人是有祖国的。楚国的屈原有一个非常重要的思想，那就是，"深固难徙"。他通过对橘子习性的分析，"橘生淮南则为橘，生于淮北则为枳"，思考到人也应该有这种意识，要爱国，要有国家归属意识。这也是屈原一直备受后人敬仰的主要原因之一。这一思想对钱伟长一直有着至深的影响力，后来他在上海大学任校长时，常常对出国留学的年轻人说，千万不能忘记自己的民族责任，要在学成归国后，为国家做贡献。他说："只有国家和民族的问题解决了，个人的问题才能真正得以解决，才能有个人的自由和个人的一切。"

他在回忆自己的留学生活时说："我并不是那儿（指美国）没饭吃，我饭吃得很好，待遇也很高，但我还是回来了。我觉得作为一个中国人我有责任回来致力于发展我们国家的科教事业。我早就认识到，一个国家的教育不发达，那是没希望的。我觉得中国人就有这个长处，中国古代的所有教育都有这一条，那就是要忠于民族忠于国家。"①

1945 年冬天，钱伟长向冯·卡门教授提出了回国的请求。但是由于钱伟长的研究方向是火箭和导弹等技术，所以美国有关方面不准他回国，冯·卡门教授也不同意他的这一想法。经过一番思考，钱伟长想出一个办法，他跟冯·卡门教授提出，自己离家太久，和家中的老人分别太久，老人对儿子的挂念是永远挥之不去的痛，作为儿子实在不忍心老人这样心痛；另外，儿子已经出生六年了，父子却至今还未见过面，恳请老师能否准许回家探亲一趟？冯·卡门沉思良久，还是答应了钱伟长的请求，但是

---

① 曾文彪. 校长钱伟长 [M]. 上海：上海大学出版社，2012:187.

他反复叮嘱钱伟长一定要速去速回。

为了解除一些人对他的戒备心，钱伟长回国时没有带任何的书籍和资料，只带了几件随身衣服，当月的工资也没领。走之前，细心的他还向房主缴纳了半年的房租。这样，在 1946 年 5 月，钱伟长才顺利地踏上了回国的货轮。经过海上二十多天的颠簸，终于抵达上海。

很多人都会很奇怪，当时的美国是公认的技术大国，那儿人才济济，想要离开不是很容易的事情吗？用得着费这么大周折吗？要想回答这个问题，还要从两百多年前的美国开始说起。钱伟长在《外国现代化的经验与我国实现现代化的条件》《我国科学技术发展的展望》等文中都描述了美国的"人才进口"策略[1][2]。

两百多年前，美国是英法的殖民地，是用宗主国（封建时代直接控制藩属国的外交和国防，从而使藩属国处于半独立状态的国家。在资本主义时代，殖民国家对殖民地也自称宗主国）的资本和当地的廉价劳动力（大量的是黑奴）生产农业品以供应宗主国的落后的大陆。直到第一次世界大战时，它还很落后。落后到什么程度呢？在 19 世纪 20 年代，大学教授都要到西欧去请。美国人想当大学教授也必须先到英国、法国、德国等国去留学，不然就不能当教授。因为那时美国还没有衡量一个人技术水平高低的能力，它的衡量标准就是英国、德国等国是否给一个人博士学位。

后来一个偶然的机会被美国人发现了。希勒特上台后迫害犹太人，以致许多犹太人教授从德国逃跑，其中包括像冯·卡门那样有名的科学家。

① 钱伟长 . 外国现代化的经验与我国实现现代化的条件 [C]// 钱伟长 . 钱伟长文选（第二卷）. 上海：上海大学出版社，2012:146–148.

② 钱伟长 . 我国科学技术发展的展望 [C]// 钱伟长 . 钱伟长文选（第二卷）. 上海：上海大学出版社，2012:242–246.

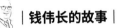

1933年，冯·卡门离开德国；1936年，他被美国请去；1937年到1938年，他就成了美国航空顾问协会的主席，带动起美国在航空方面的很多工厂和研究机构，还有后来的空间技术研究机构等的快速发展。著名的数学家冯·诺依曼，原来也是德国的一个教授，三十多岁到美国，发明了电子计算机的最基本的原则。

希特勒占领欧洲后，又有大量的科学家逃往美国。美国接受他们，使用他们，把他们变成美国科技力量的核心，其中包括像爱因斯坦这样的大科学家。爱因斯坦和其他九名教授（其中只有一人是美国人，其余都是从欧洲逃到美国的）联名向罗斯福总统提议研发原子能。罗斯福接受了，而且一下子就拨给他们十亿经费。从此揭开了美国原子弹研究的序幕。

第二次世界大战结束时，美国更是在全世界范围内大量收罗人才。这就是美国的"人才进口"策略。1945年美国打败了希特勒，住德占领军办的第一件事就是在德国抓人才。他们极其迅速地在美国国内动员了三千名科技人员，空运到德国，给他们的任务就是分头访问占领区内所有的德国科技人员，问年龄、问家属情况，而最重要的是问这几年都干了哪些研究，索取对方的工作资料，然后上报给占领军总部。总部将这些材料整理、打印成一人一份的档案，进行挑选。选中的，就在档案上画圈，列为战争俘虏，立即用飞机把他全家送到美国去。到了美国后，才明白地告诉他，定居下来，就给工作。美国抓了不少这样的"俘虏"，运了好几个月，把优秀的人才全部运走了。其中也包括冯·布朗，他是研究火箭的，后来任美国空间技术委员会的主要技术领导。

美国还从日本、英国、法国等国挖人才。战争后，西欧各国都很穷，美国的经济却比较好。在欧洲任何一所大学拿到博士学位，论文刚通过，当天晚上或者第二天就会有美国人找上门，请他到美国去，还会开出每月三千、五千这样的高工资。要知道，那时的英国穷得很，一个博士每月工资也就两百英镑。所以，英国、法国、意大利、德国等国年轻的博士都跑到美国去了。抗美援朝时期，美国在我国也挖走了一批人才。钱伟长看到美国政府的真正想法，所以想尽各种办法也得逃离。

回国后，钱伟长迫不及待地从上海赶到了无锡荡口镇——这个生他、养育他的小村庄。一到村口钱伟长就看见了一个看似熟悉、但又不敢相认的身影，那是他的母亲。她每天在村口张望，静静地等待着远方的游子。虽然她并不知道何日是游子的归期，但是母亲和儿子的心心相通，那种剪不断的亲情告诉她，儿子一定会回来看望她的，他们一定会团圆的。

钱伟长紧紧抓住母亲的手，那是怎样的一双手啊，上面布满了岁月的痕迹，皱纹和裂口代替了当年的那双充满青春气息的手；白发苍苍的母亲，步履蹒跚，看到自己久别的儿子根本不敢相信自己的眼睛。他们相拥而泣，惊喜、伤心、难过、意外……如同打翻了五味瓶，此时此刻的心情根本无法用语言来表达。

平静下来之后，母亲拉着钱伟长的手，给他讲这些年家里发生的变化。最让钱伟长伤心的是，他慈爱的祖母已经离世四年了。祖母对钱伟长来说，是长辈，祖母给他讲故事，给他讲人生的哲理，在他幼小的心灵里，祖母已经为他埋下了一个善良、关爱的种子；祖母也是钱伟长的良师，同一张桌子上读书，祖母教授他的场景至今还清晰地印在钱伟长的脑海中。钱伟长在祖母的坟前久久不愿起身。

在家乡待了十几天，钱伟长和母亲尽情享受了人生中难得的天伦之乐。此时，他仿佛回到了小时候，回到了童年，看着笑容又回到母亲的脸

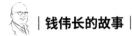

上，钱伟长觉得自己的回国决定真是太正确了。母亲的欢笑，祖国的安宁，这不正是人们所追求的吗？

这时，钱伟长接到了清华大学聘他为机械系教授的通知，他不得不告别母亲，离开家乡。母亲的不舍，让儿子的步伐沉重起来；母亲的关爱，让儿子知道自己的身上永远系着母亲的心。忠孝两难全，为了早日为祖国做出自己的贡献，钱伟长还是毅然离开家乡，踏上了人生中的又一段重要的征途。

7月初，经过一番路途上的辗转，钱伟长终于返回到了阔别多年的清华园。

2
艰辛

钱伟长回到清华园两个月后，孔祥瑛带着儿子从成都返回北京。钱元凯此时已经六岁，但他还是第一次见到爸爸。父子两一见面，各自心中的感觉都有些说不出道不明，儿子看着眼前站着的爸爸，想着这就是妈妈每天给自己提到的那个人吗？爸爸看着儿子，心中涌起万千滋味，想起几年的家人分别，想到这几年的生活，想到自己站在儿子面前的样子，千言万语一时不知从何说起。俗话说，血浓于水，他们父子两短暂的沉默后，惊喜和欢乐迅速占据了主体，两人很快地玩儿到了一起。爸爸把儿子放在肩膀上，骄傲地、激动地、欢乐地跑着，儿子也快乐地享受着父爱。清华园响起了欢乐的笑声。

日本帝国主义对中华民族的侵略使得中华大地满目疮痍，清华园也未能幸免。八年的侵略和蹂躏，已经很难看出清华园昔日的风采了，现在的清华园满是荒芜，到处是残垣断壁。垃圾堆成山，门窗破败，看着让人触目惊心，也更伤感。钱伟长他们顾不上悲伤，迅速投入到重建清华园的巨大工程建设中去。房子倒了，抢起锤子、斧子修；门窗破了，拿起钉子、锤子钉；管道不通，拿起工具通；课桌椅坏了，自己修；教学用具没了，自己做；墙塌了，自己垒。这些习惯于拿着笔杆子画图、写字的书生们，此时成了抢起锤子、斧子的优秀修理工。劳动的过程是快乐的，收获的过程更是甜蜜的，看着昔日的家园一点一点地在自己的面前呈现、恢复出来的时候，人们的心里乐开了花。

1946年5月4日，南开大学、北京大学和清华大学三校搬回原址。当年10月，清华大学修葺工作基本完成，正式复课。

当时国家正在建设，还存在很多困难，清华园也是如此。钱伟长当时是清华大学的一级教授，算是清华园为数不多的人群之一，但是他的工资在当时还不够买两个热水瓶的，而他要用这些钱养活一家三口。随之而来的是物价飞涨，东西在一个小时内都可能上涨几次，他们这些生活费就更捉襟见肘了。无奈之下，钱伟长利用课余时间到北京工业大学和燕京大学工学院兼职，讲授力学等课程，每周授课15个课时，相当于每天的上课时间超过3个小时，而当时一般情况下，教授每周只上6个课时，他的教学工作量相当于一般人的两倍还多。但是他无怨无悔，他认为只要能将知识传授给更多的学生，这本身就是一种快乐。与此同时，他还担任了清华大学《工程学报》杂志的主编、《中国物理学报》杂志和《新建设》杂志的编委。为了做好这些编辑工作，他经常要熬到深夜。在年轻的时候留下了熬夜的习惯，到现在依然还得熬夜，后来钱伟长非常习惯熬夜，以致九十多岁高龄的时候，这一习惯还依然保留着。

在这期间，他积极参与了北京大学力学系的建设，并在那里开创了我国大学里的第一个力学专业，开设了我国第一个力学研究班和力学师资培养班。这个班里的大部分学生后来成了我国机械工业、土木建筑、航空航天和军工事业等方向的中坚力量，为我国的建设做出了重要的贡献。因此，钱伟长也被后人称为中国的"力学之父"和"应用数学之父"。1951年起，他还在全国范围内招收了力学专业的研究生，这是我国高校第一次招收力学研究生。

1947年冬天，这个三口之家迎来一个新生命——女儿开来出生了，从此开始四口之家的生活。受生活条件所限，孔祥瑛此时的奶水不足，女儿急需奶粉补充。为了解决这笔费用，钱伟长只好向同学张口借钱。

此时，国民党更加紧了对民主进步力量的迫害，清华大学的教授们迫于无奈，只好再次离开家园。党组织安排钱伟长夫妇和张奚若教授留在学校。他们留校后，日子变得更加拮据。后来，国民党开出"优惠条件"，安排清华大学南迁。但是，通过收听延安广播，他们知道这些只是国民党的阴谋，他们决定按照中共地下党组织的安排，坚守岗位，拒绝清华大学的南迁。最终，正义战胜了邪恶。1948年12月，清华园恢复了正常的教学秩序。

1948年，我军在取得了辽沈战役、淮海战役两次伟大的胜利之后，中国人民解放军东北野战军和华北军区部队发起了平津战役。12月23日，清华园附近不断传来一阵阵的枪声。地下党组织的同志找到钱伟长，希望他能坚持上课，因为只有这样才能维持学校的教学秩序，才能缓解老师和同学们的紧张情绪。钱伟长接受了这一任务，在校内的大教室里为学生们授课，讲授射击的弹道动力学。他的讲解生动、针对性强，同学们听得津津有味。尽管此时校园的上空依然不断响起枪声，但是钱伟长镇静自若的表情让每一位同学都感到特别的心安。他们认真地聆听着，没有一个学生因为害怕逃离教室。都德在小说《最后一课》中描述了老师韩麦尔给学生们上的最后一课时的情景，钱伟长的这一课也是这样，它让很多学生铭记在心。很多人在这堂课结束了很多年之后，依然能够清晰地回忆起当时的情形。

下课后，钱伟长与同事一起到了解放军进城工作组的驻地，在那里他见到了叶剑英，汇报了清华大学师生缺粮少柴的实际困难。叶剑英同志立刻给了他们一部分救济军粮，解了他们的燃眉之急。在工作组里，他还见到了自己族兄钱俊瑞。这也是他们的第一次见面，真是让人高兴啊！

等到他辞别族兄回到家中时，一进家门，就听到房间里传来婴儿的啼哭声——小女儿出生了。一声声嘹亮的啼哭声划破夜空，唤醒黎明，像是在歌唱我们伟大祖国的美好明天，钱伟长为这个婴儿取了一个好听的名字——歌放。他说："北京就要解放了，我们的小女儿就是送给北平最好的礼物，她是在歌唱我们的北平解放呢！"

这个幸福美满的五口之家，此时对未来充满了希望，他们共同期待着美好的明天！

在长期教学实践中，钱伟长对教育体制、教学方法和教学内容等也有了越来越深入的认识。他在各种场合，坦诚地表达自己的理解和意见。[①]在教师能力提升方面，钱伟长主张教学必须和科研相结合，教师除了必须结合生产实践外，还必须通过科研工作扩大知识领域，掌握新知识，只有教师自身加深对知识的理解，才能教好学生。教师在教学中不能只是"传授知识"，还要指导学生了解这门学科所存在的问题和发展的方向，否则教师只能算是终年照本宣科的教书匠，其教学质量根本无法提高。关于大学教育的目标问题，钱伟长提出，大学教育应以打好基础、培养学生的自学能力为主，工科学生要有理科基础；大学专业不应分得太细，不必强调许多知识都要在学校里由教师一一讲解，因为学生毕业后在实际工作中遇到的问题是复杂多样的，而且科技还在日新月异地发展、更新，学生需要

---

① 钱伟长.八十自述 [C]// 钱伟长.钱伟长文选（第五卷）.上海：上海大学出版社,2012:46.

的是自己分析问题、解决问题的能力。工程师一定是在长期建设工作的实践中锻炼成长起来的，而不可能在大学"摇篮"里培育出来的。

20 世纪 50 年代，正是我国学习苏联"老大哥"，一切向"老大哥"看齐的时代，我们不仅照搬苏联建设模式，而且在思想上也学习、照搬苏联模式，高等教育模式更是如此。钱伟长的提法和苏联模式有些不同。一石激起千层浪，虽然他的主张具有实践意义，但是不符合当时的社会潮流，因而在清华大学里引发了一场历时三个月之久的大辩论。1957 年 1 月 31 日，钱伟长在《人民日报》上发表了题为"高等工业学校的培养目标问题"的文章。同年，6 月 9 日，《光明日报》未经同意，以钱伟长、曾昭抡等六人的名义，刊登了民盟中央向党中央汇报的"对于有关科学体制问题的几点意见"一文。这引发了更多人的误解。1957 年 6 月，钱伟长被错划为右派，撤销一切职务，停止一切工作。连儿子钱元凯也受到牵连。

钱伟长的执拗劲儿又上来了，他一直坚信，人应该学会辨别对与错，更应该学会坚持自己的正确思想，而不是在随波逐流中丧失个人的信念。有人提出，让钱伟长收回他发表的想法，他不肯收回；有人让他认错，他更不愿意屈从。在他的信念中，他坚信自己的行为是出于对祖国的爱，是为祖国的建设做贡献。

原本可以徜徉于此的校园，此时却不知该在何处栖身，钱伟长觉得看不懂了，他无法拒绝这一切，他更无法躲避，他甚至无法思考了……他迷茫了。

短短几年后，更严重的问题接踵而至，钱伟长又被打入了"黑五类"。作为批斗对象，他"参加"了一次又一次的批斗会。当时钱伟长已是年过半百，但是他从不屈服，也从不放弃对生命的重视。因为在他心中始终坚信，这样的日子很快就快结束的，而且一定会结束的，只要阳光到来，他还可以继续研究他心爱的专业，他仍可以继续钻研他的火箭导弹事业。

再黑暗也会有一丝光，每到夜里，钱伟长就迫不及待地开始他的"地下工作"，这是他一天中难得的自由时光。他心爱的书房里，没有生活用具，没有衣服被褥，这些东西早就被"征用"了；他的书籍、资料也丢失得差不多了，许多论文被撕烂了，有的还被踩上了很多脚印。这些心血的结晶就这样被践踏了，钱伟长的心都碎了，他每天只要有空就开始"抢救"工作，有时只能把一张张小纸片往一起拼凑，有的连拼凑都拼凑不成，只能重新开始计算、推导和补充。在他那个已经凌乱不堪的小房子里，能用的工具也是极其简单的。当时他没有任何计算工具，虽然有一次他在旧货店看到过一架手摇计算机，但是一是价格太高，二是他也不敢买，于是他拿出一支笔，一张纸，一个数字一个数字地计算，一个公式一个公式地推导。努力终有回报，经过他的抢救，一些珍贵的文稿终于又回来了。而工作中，他还得注意用牛皮纸把窗户和灯严严实实地遮住，万一透出灯光被发现，难免一番恶声咒骂。

眼前的困难并没有阻挡钱伟长对科学的追求，也阻不住他对国家和人民的热爱。虽然，现在他不能接触到国家对科学工作的指导方向和具体课题，但是此时仍然有很多群众来访，科技人员的信件，甚至还有一些科技人员直接登门拜访。他们都是来向钱伟长咨询、请求提供资料信息或者请求协助工作的。钱伟长一一应下，尽心尽力地提供着各种技术援助。知识的力量是无穷的，在知识的海洋中，人们可以尽情地享受科学的美好。通过知识建立起来的交往同样也是美丽的，他们没有歧视钱伟长，仍然尊敬这位鞠躬尽瘁的科学家，甚至许多之前根本不认识的来访者，和钱伟长交往几次之后，他们竟成为终身的好友。

让钱伟长感动的是，虽然国家现在处于特殊时期，但是，那些热爱祖国的人民，他们从来都没有想着抛弃我们的祖国母亲，依然一心一意地为国家的建设而努力奋斗着。依靠这种"地下活动"，钱伟长把科学研究的成果奉献给了人民。仅1958年到1966年这段时间里，钱伟长大约参与了一百多次的科学研究工作。他为叶祖沛教授（原联合国冶金组专家顾问，曾任冶金部副部长，叶老不谙中文）起草了加速推广转炉的建议书，并设计了高炉加压顶盖的机构和强度计算，为叶老在首钢的试验工作作了理论准备；为李四光部长提供了研究测量地应力的初步设想措施；推荐潘立宙从事地应力研究，并由李四光同志亲自将其调入地质力学研究所，开创了我国地应力测量的重要事业；为人民大会堂眺台边缘工字梁的稳定提出以栏杆框架承担其增强作用的方案；为北京工人体育馆屋顶设计提出网格结构的设想及计算方法；为北京火车站的球形方底屋顶的边框强度设计提供计算方法；为架线工提出解决山区电缆下垂以及风荷下电缆的长波跃动和互相干扰问题的处理办法；为架子工铆工提出的拉力扳手提供设计资料；机床厂工程师发现，从民主德国引进的四种机床与说明书内容不符。钱伟长四个月往返现场试车，看到技术说明书居然是旧型号的，引进的机床却是隔了两代的新型号。这两种型号的机床自动化水平和加工速度都较高，油路也有了较大改善，钱伟长就自己改写了操作维护指示书。这得到了工人的认可，彻底解决了操作问题；为试炮场、防护体结构、储油罐顶盖结构计算、电厂冷却塔设计计算、波纹管和膨胀接头的设计计算、拉晶机设计计算等都曾提供过咨询信息服务；为电缆厂提供电缆强度计算方法及其公式。后来这些公式出现在电工手册上……

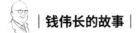

通过这个长长的清单，大家可以看出，钱伟长的工作时时刻刻与我们的日常生活相联系，与我们国家的建设相连。这些工作、成果在生产、建设中起到了重要的作用，有的还成了行业的指导标准长期使用。在他的心中，时刻装着国家、人民的利益，他也尽心尽力地为大家解决难题，不计名利，不计辛劳，任劳任怨。

1960年，钱伟长在校内从极右分子变成了"摘帽右派"，可以名正言顺地当一个"保留教授"了，只是还没有正式的教学任务。在这一年的秋天，一个意外的邀请打破了坚冰。北京地区冶金学界和金属学界邀请他开设"晶体弹性力学"的讲座。这个讲座历时四个月，前来听课的多达80人。为了取得更好的教学效果，钱伟长还写了一本30万字的讲义。

1961年春天，应力学班的要求，他又开设了一门颤振理论课的讲座，教学时间长达一个学期。

接着，北京航空界邀请他讲授用于飞机结构的颤振理论，并开设了空气弹性力学。这次讲座的时间是半年，共讲了约100个小时。钱伟长光是讲义就准备了60万字。这次前来听讲的人就更多了，多达300人。

此外，他还为力学班讲授课程，在清华大学开设教师培训班等，这段时间是他最忙的时候，也是讲课的高峰期，六年之内共讲授了教学计划以外的12门新课，编写的教材高达600万字。

这种工作量是少见的，这种工作效率也是惊人的，这种工作精神在当时的环境下更是无法想象的。他撰写的这些讲义不仅是已知材料的编辑、综合，还包括了许多当时他自己的科研成果。其中《应用数学》《微分方程的理论及其解法》《电击强度设计理论基础》等由安徽科学出版社和国防工业出版社公开出版。另外，还有一些讲义也陆续出版发行。这些是钱伟长对我国科学的又一贡献。

1960-1966年，此期间钱伟长还先后为《力学学报》编辑部审了三百多件稿件，有的稿件需要彻底改造，完全重写，有些稿件的审稿意见比作者原稿还要长。

"摘了帽"以后，钱伟长的生活处境虽有好转，但是"文革"对工作的开展仍有一些阻力。1964年，钱伟长撰写了一篇很有创新意义的论文，题为"关于弹性力学的广义变分原理及其在板壳问题上的应用"。他把论文投稿到《力学学报》。不料，编委会却给出了"不宜发表"的鉴定意见。钱伟长分别给两位审稿人写了两封申辩信，要求正确处理，但是对方连回信都没给。而四年后，日本鹫津久一郎在美国出版的《弹塑性力学中的变分原理》中表达了相似的论点，在国际上风行一时。

在那几年中，国际力学会议主席柯爱特教授曾两度邀请钱伟长去荷兰主持现代壳体力学研讨会，还允诺为其提供往返旅费及生活费，但是都被清华大学领导拒绝，甚至连会议论文也不准他提交。

这一时期，钱伟长经历了无法想象的困难，他总是处于最底层，作为斗争对象的他也是劳改队的永久队员。艰苦的条件并没有动摇他的坚强意志，靠着亲人之间的相互关怀，相濡以沫，他依然坚信冬天已经到了，春天不会远了。

3
爱国

1949 年 10 月 1 日，中华人民共和国正式成立了。当毛泽东主席在天安门城楼上向全国人民、向全世界宣布这一消息时，举国上下，乃至全世界都沸腾了。中国人民从此脱离了三座大山的压迫，开始民主、独立的生活。各行各业的人民开始进入生产建设，为把我们的祖国建设得更加强大、繁荣、富强而努力奋斗。

曾经有很多人问钱伟长，作为一个科学家和教育家，作为一个民主党派人士，贯穿一生的信念是什么？钱伟长的回答是：一切从国家的需要出发！[①] 爱国，是钱伟长一生中最高的追求，无论何时，他都不忘教育年轻的一代一定要具有这种良好的品质。祁淑英的《钱伟长传》中记载了钱伟长在 2005 年回乡拜祖时回答乡亲们的一段话："我活着不是为自己，而是为了我们的祖国，为了我们的同胞。"[②] 质朴的语言正是钱伟长一生的写照。

人的一生中难免会有不如意的事情，但是无论在怎样的困境下，钱伟长的爱国情怀从未改变过。1946 年，钱伟长刚从美国回到清华园，他的工资还不够买两个热水瓶的。后来，为了勉强糊口，他还不得不张口向同学借钱。1948 年，钱学森从美国回来，看到他的这一困境后，力荐他再回美

① 钱伟长. 爱国中华 自强不息 [C]// 钱伟长. 钱伟长文选（第六卷）. 上海：上海大学出版社，2012:284.

② 祁淑英. 钱伟长传 [M]. 太原：山西人民出版社，2010: 自序.

国工作，美国的特区研究所还是非常希望钱伟长能回去工作的。万般无奈下，钱伟长到美国大使馆去办签证。申请单上有很多问题，钱伟长一条条都回答了，唯独到了最后一条，他愣住了。最后一个问题是，如果中国和美国打仗的话，你是忠于中国还是忠于美国。钱伟长说，我当然忠于中国了。我是中国人，我不能忠于美国人。所以他大笔一挥，填了个"No"！这一回答惹恼了签证官，自然不同意他的申请。在 2005 年中央电视台《大家》栏目做节目《著名力学家钱伟长》时，记者问："填这个'No'的同时，就意味着您跟美国人讲，我不去你美国了。您心里很清楚这一点。"钱老说："是啊，我总不能忠于美国人，我是中国人。"记者说："所以在签'No'的时候，您毫不犹豫。"钱老说："我毫不犹豫，这一点我是毫不犹豫。我是忠于我的祖国的。"

随着时代的发展，我们国家和世界各国的接触越来越广泛，在年轻人中间，引发一种出国热。钱老对这种情况提出了自己的看法。回想当年他们留学的时候，他记得，很多人立过誓言，说凡是他们出去学习的那门学科，回国后国家就再不用派人去学习了。留学，是为了将来无须再留学！他们学成后，当时还是在国民党统治时期，很多人虽然明知道回国后不会有什么好出路，大家在国外也都获得了好的工作条件，过着舒适的生活，但是抗战一胜利，大批的留学生还是选择归国！他说，留学是好事情，但是，出国留学不能忘记自己的民族责任，学成了要回国，要立志报国。他还说到，一次他到英国去，见到我国留学生的经历。那天，他和一些留学生讲了这个问题。听了之后，有些人感到内疚，流泪了。这让钱老深有感触，他说，一个人意识到自己的责任、一种不能推给别人的责任是多么重大！①让人欣慰的是，我们的国家发展很快，变化很大，与积贫积弱的旧中国有着天壤之别。当然，我们还有许多地方不如人家，但是我们有信心，有能力赶上去，甚至超过他们。因为我们有一批素质优良，又有着爱国情怀的人！

钱老在九十高龄之际对自己的评价是这样的。他说："归根结底，我是一个爱国主义者。"

回顾钱老的一生，为国家而学习，国家的需要就是他学习的内容，他一直以来都在秉承这个原则。他用一生的时间诠释了"爱国主义"。

钱老说，自己的心灵曾经受过国耻纪念日的冲击，因此，他毅然选择了弃文从理。他坚信，没有强大的国力是没有办法对付帝国主义的……这就更要求我们每个中国人，应该自强不息。我们承认自己现在不如人家，但是我们不会甘心永远这样承认下去，所以，我们才需要自强不息，就是在承认不如人家的基础之上赶上人家。只要人人都如此，我们的国家也就强盛了。

钱老的一生历尽磨难，但是，他的赤诚之心从未更改过，他对自己所从事的教育、科研事业始终抱着巨大的热情，对建设社会主义国家、振兴中华民族的伟大事业始终充满着坚定的信念。他曾经多次说过："我不是党员（钱伟长是民主党派人士），不过我还是拿党的事业作为我的终身事业。为了我们的民族，我们个人吃点亏不要后悔，不值得后悔。我们历史上有很多英雄人物靠这么点精神，为我们中华民族立了大功绩！这就是公而忘私……我们的先哲对我们的教育是很多的，譬如，像范仲淹那句'先天下

---

① 于今. 百年伟长——追思钱伟长 [M]. 北京：红旗出版社，2012:315.

之忧而忧，后天下之乐而乐'的名言就是很精彩的！换句话说，就是我们要为天下着想，也就是为中华民族、为党的事业着想……"①

在教育工作中，钱伟长更是将这一原则贯彻到教学思想中。他说："爱国主义教育是一切教育工作的前提，贯彻爱国主义教育是目前教育工作的中心任务。我们绝对不能把爱国主义教育和某一专门的业务教学分开来看，把它单纯地看作只是现阶段的一个政治任务。因为，只有我们把爱国主义教育贯彻到每一业务教学中去，才能达到提高业务的目的，才能很好地完成培育青年的任务。"②

一般人常常认为，物理教学无须跟爱国主义教育关联，只需要讲基本原理、应用方法等即可。钱伟长却不这样认为。经过长期的教学实践，他越来越感觉到，在物理教学中进行爱国主义教育的重要性。他还从教学目标出发，从教学内容着手，提出具体、可行的实施方案。从教材着手，删去非爱国主义的教材内容，这是大家都能想到的方法，但这只做了消极的工作；钱伟长提出，我们还可以从积极方面着手，将物理教学和爱国主义教育结合起来。如在教学的过程中尽量地、恰当地介绍我国伟大祖先们在物理学上的发明和发现，加强青年的民族自尊心，使青年们肯定地认识到我们中华民族和世界上其他任何民族一样，有着优秀的和高贵的品质。为了能完成这个使命，从事物理学的教学工作者，应该不断地发掘中国古代物理学的发明和发现，把这些事实正确地编入教材，提升学生的文化自觉意识。如《墨子》关于权衡的学说，便是杠杆原理的原则说明；桔槔和秤

---

① 顾传青. 探寻大师的轨迹——钱伟长为什么能 [M]. 北京：科学出版社，2013:117.

② 钱伟长. 物理教学与爱国主义教育的结合 [C]// 钱伟长. 教育和教学问题的思考. 上海：上海大学出版社，2000:1.

则是对杠杆原理的应用；远古时代的戽斗则是分力合力原则的实例；汉代起，我国便已知道利用反作用力作滑翔飞行的试验。

此外，早在 1952 年，钱伟长就已经写成了《中国历史上的科学发明》一书。此书的创作初衷是基于当时的社会背景。抗美援朝后期，全国人民一边支援朝鲜人民的战斗，一边进行大规模建设，希冀改变贫穷落后的面貌。但是，关于科技技术能否赶上世界先进水平，不少人心存疑问。"为了鼓舞国人的自尊心，尤其是青年一代的自尊和自信，特用我国历史上大量科学发明和创造的事实，草成此书，供国人参考，特别是供青年人阅读。"① 在书中，钱伟长用丰富的史料讲述了我们的祖先在农业技术、天文历法、数学力学、水利工程、纺织机械等方面的贡献。这本书给 50 年代的青年提供了大量丰富的营养，使他们信心百倍地走向工作岗位，积极投入如火如荼的祖国建设中。

1978 年后，在改革开放政策的号召下，我国从世界工业先进国家引进了设备、技术和人才，同时我们也派遣留学生和科技人员出国进修深造。这些措施是必要的，而且收效显著，但是，与此同时，全国也刮起了一些不正之风，有的人崇洋媚外，认为凡是国外的都是好的；而还有的人则是夜郎自大、闭关自守，完全不愿意接受新技术，这种种风气显然都是不利于国家发展的。针对这种情况，钱伟长的《中国历史上的科学发明》一书再次修订出版，以激发我国青年的自尊自信的爱国主义精神。事实证明，这次的修订意义依然重大，它对青年的爱国主义教育仍有举足轻重的参考价值。

---

① 钱伟长.《中国历史上的科学发明》(修订版) [C]// 钱伟长. 钱伟长文选（第四卷）. 上海：上海大学出版社，2012:134. 绪言.

除了对知识的教学外，钱伟长认为还应该注重学生的思想教育。他说："我们的学生首先要学会做人，做一个正直的人、一个有学问的人、一个对社会有贡献的人……我们培养的学生，首先应当是一个爱国者，辩证唯物主义者，一个有文化修养、心灵美好的人，其次才是一个工程师，有专业知识的人。"①

他说，我们经常提到"教书育人"，这里包含的是两个方面，教书是一个重要因素，育人也是一个重要因素，两者不可偏废，更不可只取其一。相比较而言，育人是更重要的因素，也是决定一个人思想品质的重要保障。知识的学习可以推迟，但是育人的工作却是迫在眉睫。有的人拥有丰富的知识，却没有爱国的思想，没有爱人民的意识，也有爱社会的意识，只有自私自利，这样的人同样是不健全的。人们常说，十年树木百年树人。可见，培养一个人的精神品质是非常重要，同时又是非常长远的事情。

近代的思想家、教育家蔡元培也提出，完整的教育应该包括五个方面，一是体育，这是锻炼我们的筋骨，用以自卫的重要手段；二是智育，它更像是人的肠胃，供应整个身体的营养必需品；三是意志教育，它是呼吸循环机，周贯全身；四是情感教育，这是我们身体的神经系统，用以传导；五是世界观教育，这是一种心理作用，决定我们的心理健康。通过蔡元培的分析，我们可以看到，在人的成长过程中，教育从来都不是单单地指代智育这一个方面，而是应该注重对精神、意志、品质的综合培养。钱伟长、钱学森等人为了回到祖国的怀抱，建设自己的国家，费尽周折，有

①　钱伟长.大学校长谈德育 [C]// 钱伟长.钱伟长文选（第五卷）.上海：上海大学出版社，2012:239-240.

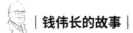

些人却贪图享乐，自私自利，弃祖国于不顾，这是多么鲜明的对比啊！因此，钱伟长在培育学生的过程中更加注重清华大学的教学理念，那就是，培养具有为国家社会服务之健全品格的人才。

钱伟长还特别注意到人文教育在大学教育中的重要地位。他说，因为人的精神、品格仅仅依靠知识性的专业教育是无法全部完成的，特别是在目前教育体制还不完备，人文教育还有诸多缺陷的情形下，培养"全面"的人更应该引起大学教育者的高度重视。他认为，首先我们应该发挥大学教师的作用。大学教师的职责不仅是传授知识，还应该能够给学生的思想人格带来好的影响。他说："一个好的大学教师应该给知识以生命，在传授知识的过程中，让学生懂得做人的道理。"其次，他说，大学里的人文教育还应该重视文学教育。通过阅读优秀的文学作品会丰富学生的心灵，让他们懂得人世间美好事物的价值，使自己的精神、道德趋于完善和美好，从而实现人文精神的传承。①

从钱伟长身上我们也看到了那一代优秀的爱国知识分子的崇高精神内涵，他们爱国、正直、勤奋、努力的优良品德。作为一代教育家和科学家的典范，他的身上闪耀着美好的人性光辉。

---

① 钱伟长. 大学：给学生插上人文理想的翅膀 [C]// 钱伟长. 钱伟长文选（第六卷）. 上海：上海大学出版社，2012:306-307.

4

"三钱"

20 世纪 50 年代，祖国建设的消息传到美国，钱学森再也无法平静内心的波澜，他决定回国！美国当局听到钱学森要回国的消息，上下轰动，坚决反对，有人说，钱学森一个人就抵美军的五个师，这样的人让他回去就是给美国树立了更大的敌人。因此，美国当局先是用利诱的办法，利诱不成，又改成了威逼的手段，钱学森始终没有放弃回国的念头。经过一番斗争和周折，1955 年，钱学森一家终于回到了日思夜想的祖国怀抱。当他们抵达北京的时候，钱伟长和他的老师们一起到火车站迎接。两位同门师兄弟再度相见，心情非常激动，感觉也格外亲切。

海外一家报纸对这件事情做了如下的报道："当钱学森博士走出北京火车站时，一队由科学家组成的庞大代表团欢迎他。代表团中有几位他相当熟悉，其中一位年轻的科学家他很熟，那就是在美国念书时，名为占美钱的钱伟长。钱伟长在加州理工学院读书时，与钱学森一起从师于冯·卡门教授，也是一位力学专家。"[①] 从这篇报道中，我们可以看到，世界各国对我们的科学家是如此的关注，当然，在关注的背后，更隐藏了一种畏惧感。

在欢迎宴会上，主持人中国科学院院长郭沫若热烈欢迎钱学森的胜利归来，吴有训教授还宣布了由钱伟长协助钱学森共同组建中国科学院力学

---

① 祁淑英. 钱伟长传 [M]. 太原：山西人民出版社，2010：70.

研究所的消息。

两人开始迅速着手筹建力学研究所。经过几次磋商，他们惊喜地发现两人的想法总是不谋而合，这为筹建工作节约了很多时间。为了更好地发展我国的力学事业，他们提出三种想法。一是要大力扩展力学的研究领域；二是把研究和工业发展联系在一起；三是科学研究应该与科学实验和科学生产相联系。

经过短短两个月的时间，他们就向中国科学院提出了建设方案。经过讨论，这套方案通过，可以正式建设了。

有的人对此很有疑问，从钱学森回国到现在总共不到三个月的时间，一个力学研究所就成立起来啦？其实这主要归功于之前准备工作的完善。首先，在这之前，钱伟长为建设力学研究所已经做了大量的工作，而且已经筹划很长时间了；其次，钱学森和钱伟长的老师冯·卡门是一个做事雷厉风行的人，他决策果断，办事效率高，这一特点让很多人都很佩服。在他的影响下，钱学森和钱伟长这两位高徒的做事方式自然也秉承了这一特点。最后，因为这两位同门师兄弟在很多想法上都能达成一致，也为筹建工作省出了大量的时间。

他们对力学研究所的筹建工作引起了众多人的注目。我国著名的数学家华罗庚说，力学研究所，是我国研究史上堪称经典的一个例子，无论是它的筹建速度还是它的工作作风，对我们的研究者来说都是一次大的突破。

此时，海外的媒体更是把眼光聚焦到了这里，他们不无感叹地说，为什么中国人特别重视这个研究所，因为这个研究所是钱学森和钱伟长建立起来的；为什么中国人特别重视钱学森和钱伟长的能力，是因为他们两人的盖世奇才让大家折服。

力学研究所成立后，他们积极参加国际力学学术研讨会，还组织访问团到其他国家进行学术访问。

1956 年 8 月，钱伟长出席了在比利时布鲁塞尔召开的第九届理论和应用力学国际大会，并在大会上做了精彩的报告。他的报告在当时国际力学的研究上是最前沿的，引起各国科学家的重视，直至 20 世纪六七十年代，还有许多论文和研究依然以它为研究的依据。国际上还把他在论文中提出的两种思想分别命名为"钱伟长法"和"钱伟长方程"。

1956 年冬天，波兰科学院授予钱伟长"波兰科学院院士"称号，中国科学院院长郭沫若、副院长吴有训也参加了授证仪式。

1954-1956 年，钱伟长、钱学森和钱三强一起参加了由周恩来总理亲自主持的我国自然科学十二年发展规划工作，从确定科学任务项目，到各科协调，以及确定人员、经费等规划，任务重，涉及面广。[①] 周恩来总理几次把他们请到西花厅（周总理居住的地方），听取他们三位科学家对建设规划的意见。

学科分类是一个公认的难题，类目多、项目杂。钱伟长建议以生产需要为出发点确定 55 个项目，周总理提出还应增加自然科学的基础理论。经过一番讨论，最终定下我国自然科学十二年规划的框架含 56 项任务，其中原子能、宇航、计算机、自动化和基础理论为重点。此外，他们还专门提出了，为了增强我们的国防能力，应该重点发展导弹的想法。

这种想法在当时招来了很多人的反对，但是，考虑到我国在国际上

---

① 钱伟长 . 缅怀周恩来总理二三事 [J]. 上海党史研究，1998（4）：11.

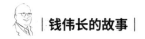

的地位和日后的发展，钱学森、钱伟长和钱三强还是坚持他们的观点，认为我们一定得发展属于自己的导弹事业。他们从导弹的防御功能和攻击功能、飞行高度、材料、发动机、燃料等方面，跟同行们一一做了细致分析，经过比较和讨论，大家最终欣然接受了他们的提议。就这样，这一重大战略被提上了日程。事实证明，当时的这一决策是非常正确的。经过几十年的发展，我国的火箭导弹的研制技术至今仍高居世界之首，这不能不归功于他们的发起。

除了发展火箭导弹事业外，钱学森、钱伟长和钱三强还针对军事技术的特殊需求主张发展无线通信技术。无线通信是一项难度较高的技术，这让很多人望而却步，退而求其次，建议还是发展有线通信的好。但是考虑到长远的规划，他们三人还是极力主张大家研发无线技术。首先无线通信技术应用的范围更广泛，工业、农业、医药等部门都需要这门技术。其次，有线通信有其局限性，应用不够长远。

此外，像彩色电视机、电子计算机、机械化等问题，钱学森他们也提出了独特的见解，并主张我们的科研人员开始从事这方面的相关研究。这些想法在当时可谓是异想天开，人们很难想象，一个笨重的电子计算机居然能够思考？这不是说胡话嘛。人们也很难想象，远在天边的人，居然可以在眼前的盒子（电视机）里说话？这太神奇了。经过这几十年，当年的"异想天开"早已成为人们生活的常见现象，当年人们难以置信的事情此时已是生活的常态。

钱学森、钱伟长和钱三强在开发半导体等方面也提出了诸多的想法。经过整理，他们在来自全国的、浩如烟海的千万条建议中，列出了一个纲要，最终确定了一个包含56项科研项目和6项紧急重点项目在内的纲要。但是这一纲要引发很多争议，有相当一部分科学家大力支持，但是也有一部分科学家极力反对，一时争论不休。后来，还是周恩来总理在一次会议上的发言为这件事情定了位。他说："三钱的建议是对的。我们国家需要这个。"就这样"三钱"的提法从此为大家所熟知。

1956 年 4 月，规划工作结束后，钱伟长被任命为国务院科学规划委员会委员，负责筹建自动化研究所及自动化学会。他还得到周总理的多次接见。周总理指出，科学规划内容宏伟，要促成其实现，必须要有广为宣传规划的精神，广大的科学工作者更要积极参与。为了响应周总理的这一号召，钱伟长奔赴北京、上海、南京、广州、武汉等地做了关于"我国科学工作者的任务"的报告，在各地引起了强烈的反响。

同年年底，周总理还安排钱伟长参加了中国科技代表团，访问苏联及东欧七国，系统考察社会主义国家的科技管理制度。访问结束后，钱伟长写了一份详细的考察报告，这为国家设立国家科技委员会、完善我国的科技管理体系提供了重要的借鉴。

5
"万能"

大学毕业后的几十年间，钱伟长先后从事过 16 个专业，因而被一些人诟病，讽刺他为"万能科学家"。但是，钱伟长并不在意这些讽刺，他说："有人问我是学什么专业的，大家知道我是搞力学的，可是我可以告诉大家，我从来也没有学过力学，只是当时没有人能够讲好力学，国家需要，我就上了讲台。别把专业看得太重，国家需要是最重要的。"① 当然，这并不意味着硬干、蛮干，钱伟长自有他的"诀窍"。他说："我的基础好一点，有这个能力可以这样做。我可以临时开一个题目，保证三个月内就可以开展。我会查资料，看书也快，今天干完这个，明天就可转到另外一个题目上去。我的题目很杂，什么都有，因此有人说我是万能科学家。其实不是万能，不过我会去学一些东西，我会看人家的东西，看懂了我自己能下结论，并在这个基础上再做下去。我懂得爬在人家肩膀上，我要永远爬在人家肩膀上。"②

他还说："在大潮流中个人所起的作用，只是极小的一部分，希望大家共同努力，我们一起来做，我老了，我还在做，因为国家需要。"③ 这些话

---

① 钱伟长.身体力行 克尽厥责 [C]// 钱伟长.钱伟长文选（第五卷）.上海：上海大学出版社，2012:237.

② 于今.百年伟长：追思钱伟长 [M].北京：红旗出版社，2012:324.

③ 钱伟长.身体力行 克尽厥责 [C]// 钱伟长.钱伟长文选（第五卷）.上海：上海大学出版社，2012:238.

掷地有声，不仅是钱伟长的心声，更是他一生实践的写照。

首钢"发明家"

1968 年 10 月，钱伟长和力学教研组的教师一共 40 人，全部被下放到首都特种钢厂接受劳动改造，成了三班倒的炉前工，与炼钢工人"同吃、同住、同劳动"。

炼钢是个重体力活，用的工具是一根长长的钢钎，重达 52 公斤。炼钢工人每天用这根钢钎上料、捅火，一天无数次。正因为如此，一般来说，炼钢工人都是身强力壮的小伙子。而当时钱伟长已是 60 出头的人了，身体又弱，干这样的体力活真是难为他。但是，他还是很高兴地接受了这样的安排，每天吃住都在钢厂，逢到周末和节假日就可以回家。从钢厂到他家有 30 多里的路程，这段路他走得安心又愉快。在炼钢厂的日子虽然有苦也有累，但是钱伟长觉得这样的日子同样很心安。看着一炉一炉的钢在自己的劳动下形成，他觉得这个劳动过程很值得。

钱伟长刚到钢厂的时候，很多工人对他还是非常好的，但也有例外。钱伟长就遇到一个这样的人。有个炉前工认为钱伟长就是个劳改犯，对他应该厉害点儿，不能给他好脸色，更应该好好"监督"他改造。一次，他到了车间发现自己的茶杯忘在了更衣间，一抬头，正好看见钱伟长在，便口气蛮横地命令钱伟长去给他拿茶杯。钱伟长二话没说，就去更衣间把他的茶杯给取来了。这位年轻人还很"客气"地赏了他一根烟。其实，钱伟长根本不会吸烟，但是他很幽默地把这根奖品夹在了耳朵边上，这可是当时很时髦的做法。

旁边有的工友很看不惯那位年轻人的做法，告诉他，钱伟长可不是普

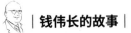

通的人物，人家可是著名的科学家呢。那位年轻人也觉得自己做得实在有些太过了，他对钱伟长说："对不起。既然你也不会吸烟，那就把那根烟还给我吧。"钱伟长笑了笑说："别客气。这根香烟可是我的劳动所得，还是给我留着作为纪念吧。"

在首钢劳动改造一个月后，大队教师撤离返校，只有钱伟长和少数教师仍然继续留厂劳动；又过几个月后，竟然只剩下他一个人了。此时，钱伟长已和工人师傅打成一片，关系融洽。工人们从最初的直呼"钱伟长"，后改称"钱教授"，到现在的"老钱"。钱伟长在新的岗位上还是继续"动脑筋"——他和工人师傅一起搞起了技术革命工作。

俗话说，世上无难事，只怕有心人，在钢厂工作的时间越来越长，钱伟长对炉前工的生活也了解得越来越多。每天看到他们抢着重达几十斤的钢钎辛苦劳作，他想，应该想一个办法替工人解决这一难题。很快，钱伟长根据力学原理做出了一个支架，先用双手掮起钢钎的一头，搁在架子上，然后再掮另一头，将支架放在炉前，把钢钎放在支架上。这样，工人们就不需要举着钢钎捅火，而是借助支架的力量，用一头捅火就行。通过这种方式，工人们节约了很多体力，干起活来轻松了很多。大家都非常感谢钱伟长，这个"发明"后来一直在用。

在钢厂的这段生活经历也让钱伟长深深感触到，科学只有和生活实践联系在一起才能真正体现它的价值。这对他以后的工作思路有着非常重要的启示作用。

自从这次成功的发明创造之门打开后，钱伟长的发明之路更是一发不可收拾了。他和工人们一起开始搞革新。他们一起设计了水压机、大型的热处理车间及设备等，为扩大工厂的生产能力做出了重要贡献。这两个车间直到 1988 年还在正常使用。在钢厂，钱伟长又站上了讲台，为工人们传授科学技术，讲解力学课程，还专门对工人们进行培训。钱伟长和工人们成了好同志加师生，他也为在哪里都能为祖国和人民做贡献而感到非常地激动和自豪。

高能电池研发

1971 年，钱伟长找到了研发轻质高能电池的课题。[①] 若能成功研发，这种电池既可以用于地质勘探等野外作业，也可以为铁路信号灯、航道标志灯、坦克的起动电瓶、导弹动力电源、潜艇电源、电瓶车电源，甚至电动汽车电源提供动力。这一建议得到军工宣队的批准，他们组织了一支高能电池研究小组，由当时的支部书记直接负责，还加入了化学专业教师、汽车专业教师和一名工人。一年后，坦克兵团还派来了四位同志。钱伟长自觉电池方面的专业知识有欠缺，他边找资料边学习，还翻译了大量的资料，光是翻译资料就高达 300 万字，还阅读了前后二十年的相关学术专著。

研发过程困难重重，他们自力更生，积极应对。首先是处理设备缺乏的问题。他们从学校的废品堆里找来旧材料，把废旧的千斤顶，修理好以后倒装在钢架上作为手动的电极板压力机，将废电线拆开后把铜丝镀银作为电极网的编制材料，把废轮锯片安装在旧电机上作为制作电池匣的电锯等。

其次，是缺少合格的原材料。当时，电池所需的原材料在我国还没有生产，或者没有大批量生产，或者生产了但是质量不合格。这些原材料包

---

① 钱伟长 . 八十自述 [C]// 钱伟长 . 钱伟长文选（第五卷）. 上海：上海大学出版社，2012:58-60.

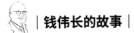

括空气极板的主要原材料，电化学反应的催化剂，合格的锌和其他类似阴极原材料，电极包装塑料薄膜等。钱伟长一次次跑各化工材料行的仓库，有时还到化工厂的车间直接找到老师傅们商量。但是，要想找到微量添加剂或者催化剂可谓是难上加难。三年中，钱伟长骑着一辆自行车跑遍了北京的大大小小各种车间四百多处。

令人欣喜的是，一年后，他们研发出了一种与普通电池体积、重量相等，但其产生的能量却高出普通电池八倍的新型一次性电池。这种电池的性能超出 GE 公司的同类电池的 40%，而且价格便宜。这其中的关键技术在于他们制造了空气极板的新工艺。这种板虽然厚度不到 1 毫米，但是，它是多孔性的，既可以畅通空气或氧气，又具备良好的抗水性，即使在加压的条件下，水或者其他电解质溶液也不会渗漏。因此，它可以用来制作燃料电池的极板。

这种高能电池填补了国家空白，一经推出，立刻被不少电池厂学习生产，受到他们的广泛欢迎。很多电池厂前往研发组参观、取经，有时甚至同一时间里，有高达五十多人在实验室里学习操作、试制极板，测量电性能，索取详细资料。研发组的成员知无不言，言无不尽，向来学习的人员公开自己的研究成果。为方便大家的学习，钱伟长翻译、刻印了一百多期《洋为中用》的技术资料，还编写、出版了《锌空气（氧）电池进展》一书。

为了精益求精，钱伟长还在此基础上，试制了以高能电池为基础的坦克启动电瓶。之前坦克使用的是两个电瓶，重量约在 100 公斤，能连续启动 15~20 次；新的高能电瓶只用一个，重量仅仅是其 1/4，通过测试发现，这种电池能够连续启动一千多次。这对于实战来说，真是太重要了。

研发组还为铁路设计了实用的信号灯，为地质野外工作队设计了高能电源，并在山海关和廊坊建了两个工厂。他们还就电池的储存保养进行实验，进一步提高其性能，还进一步发展电瓶车的实验。高能电池的研发工作得到了周总理的关怀，他指出这项研究具有非常重要的战略价值。

可惜的是，后来因为"文革"，电池研发组以解散告终。

钱码

世界上的文字大体上分为拼音文字和符号文字。拼音文字由数量有限的字母拼合而成，像英语使用 26 个字母。在计算机处理系统中，拼音文字编码只用给相应的字母编码。因此，用拼音文字的国家进入电子计算机时代相对较早。而汉字是典型的符号文字，我们一般常用的汉字就有七八千字。怎样给这些数量巨大的汉字编码，怎样把他们输入计算机，是难度很高的问题。在 20 世纪 80 年代，这些问题成为计算机研究领域的一个重大课题，同时也是亟须解决的问题。

关于汉字信息研究的问题，其实早在 1880 年就已经开始，当时主要是应用于电报行业中。1844 年 5 月 24 日，世界上第一份电报试验成功。萨缪尔·摩尔斯的这一壮举真正为人类开启了信息时代的大门。1880 年，中国的电报事业也已发展起来。但是，方块汉字的传递方式是一个问题。人们按照先后顺序给字典上的汉字各编上四个阿拉伯数字，这也被称为四码电报。这种编码方法解决了电报传递汉字的问题，但是也有一定的缺陷。编码是按照字典上汉字的顺序排列的，数码跟汉字没有内在联系，因此记忆是个难题，也不便于在计算机上推广使用。

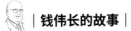

1924年，王云五在四码电报的启发下，发明了"号码检字法"，即把汉字笔画分为五类，用1至9代表九种笔画，将四角笔画转为数字，再以横画数为第五个号码，这就是最初的"四角号码检字法"。投入使用后，根据实际使用情况，王云五不断修改，最终成为大家普遍能够使用的四角号码检字法。人们还为这个检字法编了一个朗朗上口的口诀："一横二垂三点捺，点下有横变零头；叉四插五方块六，七角八八小是九。"这样人们又可以省去部首查字的环节。应该说，这种方法越来越便利。这种编码是按照每个字的笔画结构编码的，数码跟汉字结构直接相关，便于记忆和查找，因此受到人们的喜爱。但是，这种编码应用到计算机输入中同样存在一个缺陷，那就是，同码字太多，同一组数码下最多的居然有45个字！这就给分辨工作造成了困难。

汉字的这种特性在发展使用电传打字机这样的通信工具中同样困难。当时使用的打字机以检字为基础，如果用字超过字盘（字盘中有2100个字）的范围，那就要额外花费很多的时间。因此，80年代初期，我国的电报使用的是译码法，而不是国际通信中常用的电传打字机。这大大限制了我国通信技术的发展，也不利于航空通信中的保密需要。此外，这种通信方式的检字排印的劳动强度也较大。

1980年，钱伟长率团参加在香港举行的国际中文计算机会议。在参观IBM、王安公司和西德计算机公司的展品时，有人轻蔑地说：你们干这个太困难了，还不如采用他们的大键盘中文计算机来得容易。还有人甚至公开说：汉字是会影响现代化的。文字应该改为拼音文字。还有人说：你们的文字进入计算机要靠我们。[①]钱伟长偏不信邪，他认为大键盘恰恰不适用我国大量使用的需要；他更不相信，我们有三千多年历史的国家的文字居然还要让只有三百年历史的国家的人来帮我们。他说："中文计算机将由中国人自己搞，我们自己将做出世界上最实用的、最优化的中文计算机来。"[②]

当时国际上有三类键盘方案：大键盘、中键盘和小键盘。一个大键盘上有1920~2400个键，每个键管理一个汉字。一般有5~6个键盘，把汉字按使用频度统计分别安排在各个键盘上，第一号键盘是最常用的字，第二号键盘是次常用的字，第六号键盘上的字都是罕见罕用的字。每个键盘上的字都是按拼音的音符次序排列的。美国国际商业机器公司（IBM）、美国通用电脑公司（IPX）和德国西门子公司等都用这种字盘，日本也用这种字盘。[③]

1980-1990年，我国中文计算机事业发展迅猛。1981年6月，我国成立了中文信息研究会，钱伟长连续当选两届理事长。研究会成立之初只有50多名会员，后来发展壮大到十几万人在从事这一研究，编码方案也高达六百余种，制成、投入市场的机器也有20多种。研究会提倡百家争鸣、百花齐放、公开竞赛，一时，笔形编码、拼音编码、形音混合编码、笔画码等均被广泛使用。字频、词频统计，国家标准码等基本制度，小键盘的普遍使用等工作的进展推进了中文信息和微机发展快速融合，一些实用软

① 钱伟长.在汉字现代化研究会上的讲话 [C]// 钱伟长.钱伟长文选（第四卷）.上海：上海大学出版社，2012.

② 钱伟长.八十自述 [C]// 钱伟长.钱伟长文选（第五卷）.上海：上海大学出版社，2012:66-67.

③ 钱伟长.中文和中文计算机 [C]// 钱伟长.钱伟长文选（第二卷）.上海：上海大学出版社，2012:224-225.

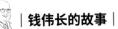

件也得以迅速发展。如王选等发展的激光照排机已大量地进到了国内外市场中。这些成果引起了国际上的广泛重视。

1985年，钱伟长提出的宏观字形编码（俗称钱码），荣获1985年上海市科技发明奖，1986年全国编码比赛甲等奖。钱码采用字形部件的宏观形态编码，国内独创。这种设计方案的设计原则是，在尽可能保持全部现行汉字笔画结构不变或少变的条件下，充分发挥现行外文打字机结构的功能，来满足汉字笔画的要求。这是第一个真正能打出全部汉字（少数几个不常用的繁体字除外），并基本上保持汉字笔画结构不变的"汉字笔画打字机"方案。①它具有如下几个优点：（1）和我国一目十行的宏观识别汉字的习惯相同，易学、易用；（2）钱码允许有重码，并根据字频对重码进行排队，最常见的字直接进入文本，其余的依次显示在附设屏幕上。如果文本上出现的字不是所需要的，使用者可以通过点击换置键切换。（3）首次使用词组输入。词组也有重码，其换置方法与字的重码换置一样。（4）对文本中的常用字组，可以临时固定编码。

这些编码的新功能在1986年以后被普遍使用。它大大提高了我国中文计算机的发展水平。

---

① 钱伟长.汉字笔画分析及汉字打字机的一个初步设计方案 [C]// 钱伟长.钱伟长文选（第二卷）.上海：上海大学出版社，2012:40.

创新篇

创新是生产和实验等自然界经验的总结，这个
总结是有条件的，社会在发展，生产在发展，
实践也在发展。发展就是不断地创新。有创新
精神的人，时刻都在关注社会的进步。

1

环保

有位伟人说，生活不缺少美，而是缺少发现美的眼睛。这句话放在钱伟长的环保意识上非常适合。从日常生活中的一道菜到参天古树，钱伟长的环保意识早在20世纪70年代就已经树立起来了。那时，西方人也才刚刚开始提出"环保"这个说法。

20世纪60年代初期，我国人民经历了生活的极大挑战，那时，全国上下缺少粮食，人民的温饱问题都难以解决，因此，在吃的问题上，人们用尽心思寻找一切能吃的东西。野菜、树叶、树皮等这些我们现在看来下咽困难的东西，在当时还算难得的"美味"呢。在这种情况下，河里、湖里、山里一切能吃的东西自然也逃脱不了。这一时期过去后，人们对吃的东西也有了新的认识，但是一些原本不太被人们注意的东西，却慢慢成了一种"珍馐美味"，青蛙就是其中的一个。在老百姓的餐桌上多了一道菜，叫作"炒青蛙腿"，有的人家甚至还把这道菜当成一种改善伙食。因为青蛙是非常易于捉到的一种生物，一个五六岁大的男孩子一天可以轻而易举地捉到几十只。虽然人们都知道这种有着大大眼睛、绿色背部和白色肚皮的生物是一种益虫，或许是因为在美食面前还是无法抵住诱惑吧，当时人们捉青蛙简直是家常便饭。

钱伟长看到这种情况痛心疾首，他知道人们的行为并不是出于恶意，而是出于对大自然的认识不够。在人们的想法中，大自然是一个取之不尽

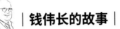
用之不竭的宝库，不需要任何的付出和努力，我们就可以随手拿来想要的一切，空气、水、土等，只要我们想要，大自然随时随地都会给我们，这一切都来得太容易了，所以人们心安理得，没觉得有什么不妥，更想不到这些东西的价值。人们更没有想到的是，大自然其实和人类一样，同样需要更新、需要休整、需要成长，当然更需要呵护。水，是地球上最丰富的物质，它覆盖了地球表面的四分之三的面积，其中97%是海水，淡水，也就是人类能饮用的水仅占3%，这还包括冰川、内海等在内，也就是说，实际上能供人类开发利用的淡水还占不到地球总水量的1%。如果把地球上的水比作一杯水的话，那么人类可利用的淡水大约只相当于其中的一勺，而我们人类可直接饮用的水就只相当于一勺中的一滴水了！即便是这样，这些水资源的分布还存在严重不均衡的情况，大约65%的水资源集中在不到十个国家里，也就是说，世界上有很多国家是严重缺水的。

在水源相对较好的国家里，随着人口的急剧增加，水的消耗量还是非常大的。如20世纪初期，每年全球水的消耗量为5000亿立方米，到本世纪末期，已经增长到了50000亿立方米，增长了足足有十倍！地表上的水越来越少，人们就想到把井挖得深些，再深些，开始采掘地下水，而这种恶性开采的提前预支方式造成的最直接恶果就是，地下形成漏斗，地表开始下沉，直接导致地质灾害！我们的母亲河——黄河——在1972年就已经开始出现断流现象了，这不能不说是为我们中华儿女敲响的警钟。

树，是生活中与我们息息相关的一种植物，也是人类的资源宝库。它为人类生产了大量的木材、果实，保障人类生活所需；它为人类提供了丰富的能源，如煤、石油等的形成；它为人类保护了环境，储存雨水，保护水土；它为人类防风固沙，减少风蚀的侵害；它无时无刻不在为人类制造呼吸中必不可少的氧气，吸收二氧化碳，降低温室效应……树，对人类的好处真是说不尽道不完。人们把树比作人类的防毒面具，把森林比作人类的肺。我们没有理由对如此重要的器官视而不见。

而早在古代，我们劳动人民对树的栽植就已经开始重视了。那时，人们常常会在院子周围栽上树，也会在田边、地头栽上树。树芽萌发，人们知道这是春天到来了；夏天，枝繁叶茂的树下，是聊天、纳凉的不二选择；秋天，树叶变黄，也预示着一年收获季节的到来；冬天，有的树虽然叶子落尽，但是枝丫依然凛然面对寒风毫不退缩，如同中国劳动人民的铮铮铁骨，有的树依然郁郁葱葱，为冬天的洁白添上一片片绿意，似乎告诉人们无论什么样的恶劣环境下，都要保持高洁、不屈的品德意志。树，可谓是四季的晴雨表，更是人类生活的直接写照。无怪乎，我们的诗人常常把情感寄托于树上呢。

不幸的是，虽然我们在生活中很多人都会关注这些生物的存在，但是有的人在利益面前总是利欲熏心，他们大肆砍伐参天古树，居然就是为了眼前的利润。这种现象无法不让人扼腕痛惜。

面对这种情况，钱伟长认为我们应该汲取西方人的教训，提早树立环保意识，不能仅靠破坏后的"疗伤"，而是应该加强有效预防。他在一次会议上郑重地向周总理提出了这一设想，得到了总理的大力支持。1972年，钱伟长参加我国科学家代表团，出访英国、瑞典、加拿大、美国四国。该团由贝时璋任团长、白介夫为副团长，团员有张文裕、钱人元等人。出行前，周总理特意嘱咐钱伟长，要重点考察他们的环保做法。

代表团的第一站是英国。园艺在英国非常受重视，甚至还发展成了一种重要的文化。英国皇家学会的会长带着他们参观了皇家植物园。这里，一年四季都向游人开放，根据一些植物的特殊时期，他们还安排了一些活动。如每当睡莲开花的季节，植物园会安排中小学生来这里观察睡莲绽放的过程。通过这些活动，孩子们可以更加深入地了解大自然、接触大自然，从而有效激发孩子们对大自然的敬畏和热爱。事实证明，这种做法取得了非常好的效果。我们古人也强调"润物细无声""春风化雨"，这种持续不断施加的影响力往往会获取更深层次的良好效果。代表团惊奇地看到，来参观的人络绎不绝，这些游客们无一不是在静静地欣赏着、赞叹着、感动着大自然的神奇和美妙。

和我们的母亲河一样，泰晤士河也算是英国的母亲河了。它发源于英格兰西南部的科茨沃尔德的希尔斯，全长 402 公里，从英国首都伦敦及沿河的 10 多座城市穿过，是英国重要的航运生命线，直接为英国打开了一条通向欧洲的通道。河流附近往往也是文化的重要发源地，泰晤士河流经之处，也形成了英国文化中的重要组成部分。如有着几百年历史的建筑群、纳尔逊海军统帅的雕像、文艺复兴风格的圣保罗大教堂、著名的伦敦塔、伦敦塔桥等。每一幢建筑都是艺术的杰作。除此之外，泰晤士河还"哺育"出一些英国的名胜之地，如伊顿、牛津、亨利和温莎等。

在工业革命时期，由于人口集中，大量的城市生活污水和未经处理的工业废水直接排入河中，沿岸还堆积着大量的垃圾，泰晤士河一度成了一条臭水沟。夏天臭气熏天，周围的居民无法打开窗户。伦敦的引水也遭到了污染，加之弥漫着的大雾和工业排放的二氧化硫、一氧化硫等有毒气体的混合，终于爆发了大面积的霍乱和伦敦烟雾事件，当时死于霍乱的人就高达三万多。英国人终于醒悟了，他们开始立法治理，对直接向泰晤士河排放的工业废水和生活污水等各种水源均作了严格的规定，同时还大量设立污水处理等。通过一系列的治理，泰晤士河终于恢复了原本的面貌。代表团看到的泰晤士河非常宁静，连昔日繁忙、嘈杂的码头此时都是静静的，河面上悠闲地滑行着几只游艇，如同点缀。天是蓝的，水是蓝的，两者上下呼应着，如同两面镜子遥遥相对。透过清澈的水面，水中的小鱼清晰无比，它们正在悠闲地游来游去，水面上偶尔有小鸟掠过水面，像是来照照镜子，整理整理装束，然后又悠闲地飞向天空。

钱伟长感叹着，这种难得静谧的画面，这种人与自然的和谐画面，同时也感叹于人类的认知。难道我们非得等到失去才知道它的宝贵吗？我们一定得吸取这个教训啊！

钱伟长还专门访问了英国管理环保的各个部门，询问了有关环保的管理工作，并访问了英国环保权威洛德爵士。洛德爵士为他提供了治理泰晤士河污染和伦敦空气污染的详细资料。参观牛津大学附近的皇家气象中心，了解他们研究全球气象预测计算工作，是这次参观中最让钱伟长感兴趣的环节。双方讨论中，钱伟长发现对方一个问题，他们忽视南太平洋、加勒比海、印度洋的海面蒸发以及青藏高原对气流的影响，这将严重影响他们的气象动力学的求解条件。[①]

接下来的一站是瑞典。瑞典位于北欧的斯堪的纳维亚半岛的东南部，面积约45万平方千米，是北欧最大的国家，有着"森林王国""湖泊王国""北欧雪国""禁酒王国"等美誉。它是科技高度发达的先进国家，国民的教育程度相当普及，这两大特征也是世界闻名的。当时，瑞典国民中的92%都是大学毕业水平，在世界上高居榜首。

---

① 钱伟长.八十自述 [C]// 钱伟长.钱伟长文选（第五卷）.上海：上海大学出版社，2012:54.

代表团一到瑞典就得到了瑞典皇家学会的热烈欢迎,并全程陪同他们参观访问。瑞典皇家学会的会长汉勃鲁博士带着他们参观了阿波萨拉大学,据说这是欧洲最古老的大学之一,它还设有汉学系,并在图书馆和博物馆中收藏了大量的中国文物。

他们还带着代表团的成员参观了首都斯德哥尔摩近郊的白桦林。白桦树是瑞典的代表树种之一,在瑞典语中被称作"比约克"。这种树种通体粉白,树干挺直,适合寒带生长。在树林中,踩着白桦树的落叶,听着小鸟的叫声,看着小松鼠就在脚下自由地来来往往,人们往往会陶醉于其中,迷恋于人类和大自然的和谐,充分享受着自由的空气和宁静的感觉。那种放松、至真的心态真是让人着迷啊!钱伟长他们在这里感慨万千。人类和大自然的关系不正像儿女和父母之间的关系一样吗?慈母孝儿,儿女对父母只需付出一点儿,父母会以更多的爱来回应,父母哺育儿女,为儿女的付出可谓是倾其所有,无怨无悔,正如大自然对待人类一样,人类只需关爱自然、善待自然,大自然就会倾其所有回报人类。

从斯德哥尔摩乘坐火车,行驶 18 个小时后,代表团到达了位于北极圈内的瑞典小镇——基尔纳,在瑞典语中基尔纳是"雷鸟"的意思。这是瑞典最北部的城镇,境内有很多的丘陵,它的采矿业很发达。代表团一出车站,层层叠叠的红色房子映入眼帘,与背景的白色形成了鲜明的对比,让人不禁想到圣诞老人服装上的两种突出的颜色。小镇的中央矗立着尖顶的教堂,这是欧洲建筑的特色之一。由于地处北极圈内,基尔纳镇有着漫长的冬季,极为短暂的夏季。代表团非常幸运地看到北极光这一大自然的奇特景观。

在基尔纳的矿区,代表团第一次看见现代化的铁矿矿区。矿石从矿内用传送带直接自动送入选矿厂，一个选矿厂每年能选矿400万吨，一个班一共只用12个工人，矿石进入第一层楼进行粉碎并筛选，合格粉末升入第二层，经洗选后团成颗粒，不合格的大颗粒，再度粉碎后加入下一批原料输入第一层，把第二层团成颗粒的料输入第三层楼进行烧结。最后经过筛选后由传送带输入厂外的铁路运输车皮上，通过铁路从挪威出口。厂房地下层是动力机械中心，12个工人中，6人在动力中心，也管维修，其余6人，每层2人，分管传送速度、生产质量和机械动作的监护。这种现代化程度高的采矿方式让代表团成员非常感叹。

代表团的第三站是加拿大。在这里，他们访问了温哥华、多伦多、渥太华、魁北克、蒙特利尔，并看到了尼亚加拉大瀑布。

30年后，钱伟长再次回到了他的母校——多伦多大学。时光流逝，物是人非，钱伟长在这里感受到了时间的力量，应用数学系已经停办，原来的欧洲教授们已经早已各自回国了。多伦多大学还为返回母校的钱伟长举行了获得博士学位30周年的纪念会，参加者都是当年的数学系、物理系的教授，其中有3位还是钱伟长的博士论文答辩委员会的委员。在"文革"中钱伟长的毕业（博士）论文丢失了，现任校长从图书馆借出原稿，复制了一份赠给他。这让钱伟长非常感动。老教授特别关心他们这批加拿大首批留学生，当他们知道段学复、张龙翔、沈昭文等都是我国科学界的带头人时，喜形于色。

钱伟长还遇见了当年居住在同一宿舍的老同学约许博士，他已是加拿大的牙科权威，也是总理的牙科保健大夫，他非常想来华访问，特别是华西大学（成都）的牙科，他父亲在新中国成立前曾在华西大学任教授，后来在1984年，他终于访问了上海、成都、西安和北京。在多伦多大学代

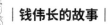

表团还访问了宇航研究中心，他们正在进行大规模的圆柱壳受轴间压力下的稳定实验问题的研究，钱伟长向他们索取了不少实验资料，并同意用自己的圆薄板大挠度问题，以及扁球壳受压失稳问题的公开成果和他们的研究资料进行交换。他们还访问了魁北克的冰结构强度研究所和高电压实验室，以及滑铁卢大学的计算机软件中心、运河远距自动控管等科学技术设施。

美国是代表团访问行程中的最后一站。代表团访问了华盛顿、纽约、波士顿、密西根、芝加哥和旧金山六个城市，当时的总统尼克松还亲自在白宫宴请了他们，国务卿基辛格在国务院举行了中餐午宴。美国科学院为他们举行了盛大的宴会，当时参加的人员包括了美国的科学家约500人。据说，这种大型的宴会在美国科学史上还是第一次。美国科学界、教育界、学术界和华侨界都对他们的访问给予了热烈的欢迎。

代表团参观了各种博物馆、纪念馆、国会和国会图书馆、宇航馆、纽约世界贸易大厦、纽约州立大学石溪分校、普林斯顿大学、哈佛大学、麻省理工学院、密西根大学、芝加哥大学和贝尔电话电报公司等。IBM公司的总经理还专程陪同他们参观了华盛顿、纽约和波士顿三个城市。这位公司经理公开说：我真诚地愿意和中国合作发展计算机事业，对中国而言，我们无法保持什么真正的技术机密，公司的高级技术带头人共有500余人，中国人超过半数，他们都是出类拔萃的，哪天中国要他们回家为祖国服务，我们是无法阻挡的。他的这番话对钱伟长和代表团的其他成员触动很大，他们坚信，我们在教育过程中，除了应该注重对人的智能培育，更主要的是，我们还应加强对人的思想品质教育。这对人格的完善来说更是至关重要的。

代表团还特别提出要求参观和访问环保局和环保研究中心。他们询问了美国环保管理的运作方法和有关国际关系问题，并索取了大量资料。在这次访问中，他们全面深入地了解了有关高新技术的问题，如激光、遥测遥控技术、计算机技术、加速器技术等各方面的进展情况。在访问普林斯顿大学的时候，钱伟长还遇见了老同事——马斐尔特教授。他热情地邀请钱伟长参观他所领导的喷射推进研究中心和他正在研究的电子喷射推进发动机。当时，正在另一个喷射推进研究所的老同事司蒈怀特教授，还特地从加州南部赶到旧金山，只为和钱伟长见面。在旧金山，钱伟长还见到了很多老朋友。阔别了三十年，相见时，大家都是别有一番滋味在心头。他们一起聊聊这些年来的各自的情况，又互相询问询问对方的情况。当时，我们很多华裔科学家如任之恭、林家翘、杨振宁、李政道、赵元任等都来了。大家都很兴奋。

四国访问的过程很顺利，大家的收获也很多。在代表团即将离开美国，准备回国时，他们在旧金山召开了一次告别的记者招待会。记得当时有个记者问了一个这样的问题："中国在解放以来，有什么科学发明，可以算作是对人类的贡献？"这个问题非常具有挑战性，回答不好的话，极容易被对方抓住把柄。钱伟长立刻站起来，严正回答道："解放以来，中国人民在重建家园中，认识到任何一个国家、任何一个民族，不论它曾经多么落后、多么贫困，只要国家独立，民族团结，万众一心，努力建设，就一定能自力更生建设自己的工业、农业，逐步赶上世界最富有的发达国家，这就是中国人民最重要的科学发明和对人类的贡献。"此话一出，立刻引发了听众的一片热烈掌声，在场的很多老教授流下了热泪。是的，中华民族是个坚强的民族，只要我们团结起来，万众一心，努力建设，我们的祖

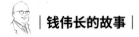

国一定会更强大。

代表团回国后，受到了周总理的热情接见。钱伟长马上投入整理访问的收获工作中。他很快就写出了一份长达五万字的出访考察四国关于环保工作的报告。在报告中，钱伟长不仅非常详尽地介绍了四个国家针对环保问题的具体做法、环保技术和环保政策等，而且还针对我国自身的具体情况提出了一系列的设想。

钱伟长首先建议我们国家应该早日成立国家环保局和环保科研机构。这一建议得到了周总理的大力支持。很快，国家环保局和环保研究院成立了！

钱伟长还向周总理建议，虽然我们国家目前的首要任务是搞经济建设，但是，在经济建设的同时，我们也应该从西方国家建设中吸取经验和教训。首先我们不能向他们那样，以牺牲自然换取经济效益，然后再回头花钱重建自然。这样往往是得不偿失，而且有的损失和破坏往往是无法复原和挽回的。我们在经济建设的同时，应该同时关注大自然，充分尊重大自然的发展规律，以科学的态度来看待自然，与大自然和谐相处。如对森林的砍伐问题。森林是地球的呼吸机，它关乎人类生活必需的水、土、空气等的质量，因此砍伐应该有度，如果必要可以通过适当的形式进行强制约束。再比如野生动物的猎取问题。人类常常以高级动物的身份自居，从而对低级动物不尊重，这是人类常见的心态。

另外，人类还认为，对低级动物的猎杀和利用，似乎更能证明我们征服自然的能力。这其实是个认知的误区。作为生命而言，地球上的任何生物都应该彼此尊重；从生态循环来说，生物之间的平衡至关重要。如果食物链出现断层的话，那么遭殃的将不仅仅是一两种生物，而是整个食物链。此外，像对矿产资源的开采，我们也应该做到适度、适量，科学采掘。矿产资源是指经过地质成矿作用，使埋藏于地下或露出于地表、并具有开发利用价值的矿物或有用元素的含量达到具有工业利用价值的集合体。它是重要的自然资源，是社会生产发展的重要物质基础，现代社会人们的生产和生活都离不开矿产资源。矿产资源属于非可再生资源，其储量是有限的。目前世界已知的矿产有 1600 多种，其中 80 多种应用较广泛。随着人口的不断增加，人们对矿产的需求量也在不断增加，如果我们这一代提前将这些资源利用了的话，那我们的后代可能就没有这种资源了。

这份报告中提到的问题引发了周总理的深思，他对钱伟长的提法有着强烈的共鸣。如同钱伟长所提到的，我们搞建设的目的是为了国家发展得更好，是为了让人民过上幸福、快乐的生活。因此，在建设中我们除了考虑短期效益外，更重要的是还得考虑长期效益，不仅让这一代人过上好日子，还得为后代造福。

钱伟长在报告中还提到，建造城市公园的想法。城市的经济建设主要是依靠开展工业，同时城市人口的聚居密度相对较大，因此如何净化城市的空气关乎人民身体健康和生活质量。在哈佛大学访问的时候，钱伟长注意到这个校园的绿化程度非常高，绿草如茵，树木葱葱，人徜徉于其中如同游走在花园里一般，真是幸福。人们只有多接触自然，才能更加热爱自然。

1974 年，钱伟长撰写了《资本主义国家的环境污染》一文，发表在《环境保护》（创刊号）上。在这篇文章中，他详细论述了美、英、瑞典各国的大气污染、水污染、固体废物、放射性、噪声五个方面的环境污染情况，分析了造成污染的根本原因，并结合我国的实际情况，提出了建设性意见。他说："我们是一个发展中的社会主义国家，工业正在兴起，由于暂时缺少经验和实践认识，也有一些环境污染……我们遵照毛主席的'我们的责任，是向人民负责'的教导，充分发挥社会主义制度的优越性，发动广大群众，实行多部门的广泛协作，在发展经济的过程中，积极开展预防和治理三废（指的是废气、废水、固体废物），消除三废污染的工作。我们一定能在环境保护工作中很快做出成绩，为我国社会主义工农业的更大发展创造更好的条件。"①

---

① 钱伟长.资本主义国家的环境污染 [C]// 钱伟长.钱伟长文选（第一卷）.上海：上海大学出版社，2012:184–185.

2

致用

朱熹《观书有感》："为渠哪得清如许？为有源头活水来。"将所学的知识，运用到实际生活中是我们学习的目标，也是学习的乐趣。

破解"不死神话"

1941 年 6 月 30 日，希特勒的德军开始大举入侵苏联，从北极地区到黑海，战线长达 2000 英里。这也意味着德国正式和苏联开战。关于这次战争，希特勒声称，他这次军事进攻是因为苏联和英国的合作威胁了欧洲安全。在这次战役中，发生了一件神奇的事情。

那天，德军和苏军的一辆坦克在立陶宛境内的一座桥上相遇。苏军的这辆坦克正好独自停在桥头，用炮火阻击德军过桥。德军看到苏军只剩一辆坦克，就调来一个炮兵连，同时架起 6 门大炮对其进行攻击。猛烈的炮火在坦克的周围爆炸，还有两枚炮弹击中了坦克的顶部。但是，令人惊奇的是，那两枚炮弹竟然被弹飞了，而坦克却毫发无损！接着，这辆坦克向德军的阵地一连发射了几发炮弹，将德军的 6 门大炮全部摧毁。就这样，苏军居然仅用这一辆坦克阻住了德军的一个师，在第二次世界大战的历史上写下了精彩的一页。自那以后，苏联军界将这辆坦克吹嘘得神乎其神，并将其投入大量生产，其数量增至 3000 多辆。这种坦克作为苏军的主要武器一直沿用到 1969 年的珍宝岛战役。

珍宝岛战役是中国人民解放军边防部队在珍宝岛击退苏联军队入侵的战斗。1969年3月，苏联军队几次对黑龙江省乌苏里江主航道中心线中国一侧的珍宝岛实施武装入侵，并向中国岸上纵深地区炮击，中国边防部队被迫进行自卫反击。在这次事件中，苏联政府称珍宝岛属于苏联，反诬中国边防军入侵苏联，并且公布了苏联政府对中国政府的"抗议照会"。中国外交部发言人指出，珍宝岛无可争议地是属于中国的领土，而且长期以来一直是在中国的管辖之下，有中国边防部队进行巡逻。苏联的所谓"抗议照会"是推行社会帝国主义侵略政策的强盗逻辑。

战役一开始，我方对苏军的"神奇坦克"有些担心，请钱伟长对这种坦克进行研究，寻找对付它的办法。

钱伟长看过这辆坦克后，说了句："苏联老大哥设计的坦克好笨重啊。"很快，他就从力学的角度找到了对付这个"笨家伙"的办法。他说，这种坦克的特点就是"头部"防护好，打不透，要想对付这种坦克最重要的就是不要迎头打击，要先放它半身过去，再从侧面进行攻击，这样的话，一下就能让它报销。钱伟长的这个意见反映给有关部门后，我方在对付这个笨家伙时就有了制胜法宝。不久就从珍宝岛前线运回了两辆被我军击中的苏军坦克，这两辆坦克都是从侧面被击中的。苏军坦克的"不死神话"就这样被我们的力学专家——钱伟长——给破解了。

经过这件事，钱伟长对我军的装备有了更多的思考。《孙子兵法》中说："知己知彼，百战不殆。"他觉得，我们除了加强掌握攻击对方的技巧和能力，还得学会如何加强自己的防御能力，只有这样我们才能取得珍宝岛战役的全面胜利。当时我军装备的重型坦克缺少一种复合的装甲护板，所以在作战时就能显现出，它的防御能力很不够。经过研制，钱伟长加重了装甲的重量，提高了装甲的抗弹能力。他的这一研究由清华大学军工宣传队的领导再一次转交到有关部门，很快就得到了上级的首肯，他们迅速组织力量进行深入研制，获得了极大的成功。

束水攻沙

福建马尾港是 1975 年建造的一座港口，耗资 6 亿元，航道直而宽，万吨轮可以直达马尾或者更上游的地区。但是，万万没想到，只因为选址不当，投入使用后不久即遭遇了淤沙堵塞。当时，眼望着港口设备齐全，却无法运营。这种境况长达七八年，后来有人提出干脆迁址新建，对岸就有可用的地点。但是，新建至少需要投入 10 个亿！

1983 年 5 月，应福建省委书记项南的邀请，钱伟长访问福建。他细致、深入地勘察了整个马尾港的情况，终于找到了症结所在。

闽江发源于福建和江西交界的建宁县，是福建省境内最大的河流。它的流域形状呈扇形，上游水系发达，水量大，从南平以上有两条主流，一是向北的建水，一是向西一直到邵武的主流。这两条主流，一条通过闽北地区的山区，另一条通过闽西地区的山区。① 闽江的下游坡度平缓，江面开阔，河水的流速明显减缓，在入海时，水流越来越平缓，导致中上游携带的泥沙淤积在入海口。

钱伟长提出，要想解决泥沙淤积问题，只有加大闽江入海时的流速，加大它的冲击力才行，可以向闽江投放乱石，并用这些乱石筑起一座长约 200 米的长堤。这种方法叫作"束水攻沙"。它可以充分调动闽江的水流冲去码头区的淤沙。

---

① 钱伟长.与福建省水利厅领导及专家谈治理闽江问题[C]// 钱伟长.钱伟长文选（第六卷）.上海：上海大学出版社，2012:223.

"束水攻沙"的方法早在我国的汉代就已经开始使用。汉明帝（公元69年）时，王景说明了"筑堤束水，以水攻沙"的办法。这就是说，河床缩小，水流加速，压力减低，沙自然因发生湍流的关系而容易升起，便被冲走了。这很符合伯努利原理和湍流理论。两千年来一直被作为治河的重要理论。①

福建省委书记项南当即指示，按照钱老的设计立即动工。数艘木船开始搬运散石，很快一座石堤就横在闽江之上，犹如闽江系上了一条腰带。它推动闽江下游原本缓缓流动的水开始活泛起来，加快了流动的速度。

一个月后，马尾港的淤沙全部被冲走了！港口恢复了它原本的面貌，功能也正常了！人们欢呼雀跃，庆贺这难得的胜利！

冲破拦门沙

唐朝著名的诗人李白在他的《将进酒》中感慨道："君不见黄河之水天上来，奔流到海不复回。"黄河，是中华民族最主要的发源地之一，也是我们的母亲河。它发源于青藏高原，流入渤海，全长 5464 公里，流域面积约 75 万平方公里，是我国的第二长河，在世界上排名第五。从高空俯瞰，黄河的形状构成了一个巨大的"几"字。黄河的中游流经我国的黄土高原，因此携带了大量的泥沙，有的河段由于泥沙的淤积，导致河床高于流域内的城市和农田，这就是人们所说的"悬河"或者"地上河"。这一段流域内，水土流失严重，而且将大量的泥沙汇入到黄河里，使得黄河成为世界含沙量最多的河流。据统计，黄河的泥沙量年平均高达 16 亿吨。不仅如此，严重的水土流失使得土壤的肥力降低，造成农作物的大量

---

① 钱伟长.物理教学与爱国主义教育的结合[C]// 钱伟长.教育和教学问题的思考.上海：上海大学出版社，2000:4.

减产。沿岸的百姓对此非常困扰，他们试图通过进一步垦荒来改善这一问题。但是越垦荒，水土流失越严重。

人们很难意识到这个问题，他们看到粮食产量降低，就继续垦荒，而越垦荒，粮食产量就越低，如此一来，进入了恶性循环，以致黄河决口、改道的次数越来越多，越来越频繁，最终成了危害人民的巨大力量。从公元前602年到1938年，黄河决口高达1590次，大的改道有26次，平均三年就有两次决口，一百年就有一次大的改道。其中1938年的黄河改道导致河南东部、安徽北部和江苏北部大部分土地淹没，受灾人口高达1250万。曾几何时，我们面对母亲河的泛滥和暴虐，束手无策。

1985年的夏天和冬天，钱伟长两次应邀到胜利油田视察，来到了这个多灾多难的黄河三角洲地区。按照他的习惯，他先在黄河三角洲的入海口进行了详细的勘察。此时，黄河的入海河尾区被冰凌堵塞住了，两岸的河堤被冲开了一道道的豁口，看来它又要改道了。胜利油田正巧在黄河入海口附近，当时油田工人、当地的农民和解放军战士，已经开始修堤护坝，日夜坚守了。此时，若是黄河改道，我国的经济损失显而易见，人员的伤亡也是在所难免。

钱伟长继续深入调查，他发现黄河春汛冰凌的产生主要跟河口外的一条长约二三十公里的水下拦门沙有关系。这条拦门沙是泥沙长期沉积的结果。每到冬季的枯水期，黄河水流不畅，河水流动缓慢，被阻住的河水在这个地方结成了厚厚的冰凌；而春季解冻时，上游水量增大，水流加速，下游的冰融化速度较慢，没有为中上游的水流出足够的通道，因此，黄河只得频频自主改道。

钱伟长向胜利油田和当地政府提出，要想解除这一危害，不能用堵的方式，而只能用"疏"的办法。他说，这就像当年大禹治水是一个道理，如果我们用堵的办法，那么黄河的水被堵塞住之后，将会产生更大的作用力，迫使它再次改道；如果我们用疏通的办法，让黄河的作用力分散、减小，那么黄河就没有力量另辟一条道，只能乖乖地沿着原来的河道继续前行了。所以当务之急，应该是先打开河口以外的拦门沙，给黄河让道，尽量不让它"发脾气"，这样险情自然就会排除了。

按照钱伟长的方案，当地政府组织船只装载着消防用的救火机，先将河水抽出，然后用几只高压水枪猛烈地冲击水下的拦门沉沙，将沉积的沙子打散，把这堵墙先给它推倒，这样打落的沙子就被湍急的河水带入了大海。这种办法虽然没有什么先进之处，但事实证明，它是非常有效的做法。十几天之后，这个沉积了长达千年之久的水下拦门沙硬是被人们打开了 5 公里宽的豁口，河水畅通无阻，这个地段的冰凌也消减了。黄河入海口改道这个困扰大家多年的难题，就这样被破解了。人们奔走相告，欢呼雀跃，对钱老驯服黄河的这件事情，大家更是赞赏有加。

这种稳定的局面持续了八年，为油田建设、开发河口土地资源提供了极好的条件。当时，单就黄河三角洲 120 万亩良田来说，土地开发的经济价值就非常高。加上，黄河口外也建成了 5000 吨级的港口舶位，一年有大半年河口段可以用 3000 吨级的船舶运输直达济南，东营地区和胜利油田开发也更加便利，黄河三角洲的开放条件甚至超过了东北的北大荒！①

提灌治旱

定西，谓"安定西边"之意，秦时属陇西、秦州，北宋元丰四年

---

① 钱伟长. 八十自述 [C]// 钱伟长. 钱伟长文选（第五卷）. 上海：上海大学出版社，2012:72.

（1081年），宋军收复西夏故地，宋神宗赐名为"定相城"，位于甘肃省中部，地处黄土高原和西秦岭山地的交会区，地势起伏较大，山脉纵横，形态各异，下辖一区六县，其中北部的五个县处于黄土高原深处，干旱少雨。历史上记载，北宋西夏在此曾有长期的交战，双方均采用火攻战术，导致此地的森林资源全部被摧毁。在后来的长达十个世纪的时间历程中，这里寸草不生。而从自然条件上说，这里的条件也是相当严酷，年降水量只有三四百毫米，蒸发量却高达一千七百毫米。人们形容这里是："山是和尚头，沟里没水流，十有九年旱，岁岁人发愁。"在地方志中，也有"草根树皮掘食净尽""人相食""十室九空""积尸梗道"的记载。一百三十多年前，清朝陕甘总督左宗棠上书朝廷时疾呼："陇中苦瘠甲于天下"。

20世纪70年代初，定西连旱三年，群众衣食无着，纷纷扒火车逃荒，身患重病的周恩来总理闻讯后潸然泪下，当即组织工作组前往定西，带去大批救济粮和救济款。1982年，定西又遭大旱，五六万灾民扒火车逃荒。灾情再次惊动中南海。国务院决定，每年拿出两亿元，专项扶持以定西为代表的甘肃中部干旱地区、河西地区和宁夏西海固地区。[1] 这就是"三西扶贫"。

1986年，钱伟长因学术会议访问兰州，和甘肃省长贾志杰会面。他们谈到了民盟（钱伟长为民盟成员）参与的定西地区的干旱治理问题。当时，定西已从200公里以外的黄河引水灌溉。这条引水渠要从山区通过，打通了较长的隧道，耗资巨大，但是，能够灌溉的田地并不是很多，问题还是没有得到根治。

---

① 宋振峰. 中国扶贫开发史上一座丰碑——定西市"三西"扶贫开发纪实 [N/OL]. (2015-09-17). http://gansu.gansudaily.com.cn/system/2015/09/17/015706385.shtml.

钱伟长注意到，甘肃境内的黄河两岸有面积广大的戈壁荒原，此处长期缺水干旱，无人居住，但是土质很好，同时，黄河两岸到黄河的平均水面约有450米的落差。对比之后，他发现，挖隧道不如建立提水站，后者可以更好地利用黄河上游各大水电站的丰富电力，这样既能减少投资，又可以扩大灌溉面积。按照钱伟长的计算，在黄河两岸用15-17级提水站进行工作，在可耕灌区面积较大的黄河两岸的各个荒漠上，就可以建立起十几个50万-100万亩的灌区，如果按照平均一位移民占有两亩土地计算的话，这些灌区一共能容纳约250万人。若将定西缺水的农民迁居到这些垦区的话，不仅可以解决干旱区农民的贫困问题，而且为大西北建起了一个新的粮仓。每年的定西扶贫经费足够建立两三个灌区，五年以后就可将所有定西干旱地区的农民调入。定居三年以后，就能达到亩产800-900斤粮食。[①]

贾省长接受了这一方案，在甘肃省委的统一组织领导下，经过六年的努力，甘肃省从兰州往北到白银一共建立了11个灌区，由定西和甘肃其他干旱地区调入灌区200万贫困农民。1991年，华东发生大水灾，甘肃的粮食不但解决了自给，甚至还向外调出了一些救灾粮。

"孔雀"不再"东南飞"

解决甘肃干旱问题的同时，钱伟长还了解到一个情况。甘肃省建有白银、金川两个有色金属开发区。其中白银厂储有大型铜和多金属矿田，铜、铅锌、金银等矿种的保有储量也高达2300万吨；金川铜镍矿的镍储量相当于55个大型矿床，铂族元素相当于20个大型矿床，8个大型钴矿，7个大型铜矿，成为世界第二大镍矿。而这两大开发区在当时面临一个严

---

① 钱伟长．八十自述 [C]// 钱伟长．钱伟长文选（第五卷）．上海：上海大学出版社，2012:72-73.

重的科技人员外流问题。

这些科技人员主要是来自全国有色金属矿的 8000 名工程技术人员，都是大学毕业生，在这儿工作了 11 年，成功分离了镍。1982 年以后建厂，1984 年建成，年产可达 30 万吨镍，贡献突出。但是，1985 年后，他们共同面临一个最大的问题，就是孩子的成长问题。他们说，这个地方要命，我牺牲在这里我愿意，可是要把我的孩子也牺牲在这里我不愿意。当时正值国家大力开发深圳，大批的人涌向那里，他们形象地把这种现象叫作"孔雀东南飞"。人才就是生产力，甘肃省长贾志杰非常焦虑，他希望钱伟长能够和矿区的科技人员谈谈，了解一下他们的具体情况，解决解决思想问题。

钱伟长去访问了这两个矿区。他发现，这两个有色金属开采冶炼中心全部处于荒漠的腹地，它们都是单一的矿冶企业，除了为中央提供铜和镍外，和当地的经济毫无关联，而当时建设两个厂时，他们完全忽略了多种经营，和对地方经济的带动问题。附近的农村本就干旱、荒芜，农民的生活极端贫困。当地的中小学教育也非常落后，科技人员的子女无法得到正常的教育，很难进入大学，作为父母的他们自是不安心，当然一心想往"东南飞"。

这种情况在国际上也有先例。美国的洛杉矶和巴库都是 20 世纪初期发展起来的石油城市，巴库自建设以来一直走的是单一的石油工业道路。若干年后，石油枯竭，被迫撤出；而洛杉矶 20 世纪 20 年代发展了电影工业，30 年代发展了飞机工业，40 年代发展了纺织工业，50 年代发展了电子工业，石油开发结束后，其工业城市的地位依然稳固。钱伟长向贾省长提出了："超产留成，进行原材料深加工，带动地方乡镇经济的发展"的良策。①此举得到贾省长的认可。他们一起向国务院征得许可。国务院同意，在不影响铜和镍的计划和中央不投资的条件下，允许金川（镍）和白银（铜）两地进行试验。

金川公司建立了国营和集体两种经济成分的工业体系，当地人称之为"一厂两制"。他们用超产留成的镍建了三个不锈钢用具厂和镍焊条厂，从镍矿渣中提炼铜，建了两个炼铜厂和两个电缆厂；从矿渣中还能提炼出各种稀有的贵金属如铂、铑、钯、钌等，他们又建成了生产海绵钯和铂的器材厂。这些工厂又带动了周围的各种建筑材料行业和服务行业等的发展，形成了良好的商业圈。1992年，钱伟长再次前往金川时，金川已经从一个贫困农村变成河西走廊东端的一个繁荣的工业城市，人口众多，经济发展良好，并且已经改名为金昌市。与此同时，白银也在经历着同样的变化。

有人说，钱伟长真是太聪明了，他干什么都能干得很好。钱伟长说："我不是天才，我的学习是非常勤奋的，我发现很多东西我还不懂，需要，我就学。你们不要相信天才论，关键是在于刻苦和努力。没有学不会的东西，问题在于你肯不肯学，敢不敢学。"这一番话值得我们每个人仔细地品味和认真地学习。所谓聪明和才智，都不是仅仅靠着上天的恩赐，更重要的是我们如何努力和如何运用我们的智慧。

半个多世纪以来，不管是暴风骤雨，还是春风拂面，钱伟长总是能够保持一个平和的心态面对一切，他把自己全部的热情都倾注在忠于祖国、热爱人民的伟大事业中去。钱伟长说："'四人帮'已除，重新获得科学工作的权利。欣逢1978年党中央召开全国科学大会，春风拂人，奋起之情

---

① 钱伟长.八十自述[C]//钱伟长.钱伟长文选（第五卷）.上海：上海大学出版社,2012:73–74.

油然而生。虽已年近七旬，还能为'四化'效力，感到无限幸福。我力图夺回已逝去的良好岁月，夜以继日地工作着。"①的确，自 1978 年以后，他为了实现"四个现代化""改革开放"等目标，在全国范围内呼吁、宣传，还到全国各地进行考察、访问，充分利用自己的专业知识为人民排忧解难。他孜孜以求，认真做好每一件事。平凡中见伟大，也正是因为他踏踏实实、认真地做好每一件事，所以才能书写出中国科学史上的伟大篇章。

---

① 曾文彪. 校长钱伟长 [M]. 上海：上海大学出版社，2012:5.

3
"校长"

有人问钱老："您这一生中，称号很多，有人称您为'科学家'，有人叫您'政协副主席'，还有人叫您'校长''教授'，在这些称呼中，您最喜欢别人叫您什么？"

钱老回答道："我最喜欢别人叫我校长。"

接着，他又补充道："校长可不是什么官，是督促我全身心投入的职责。"

1976年10月，"文化大革命"结束，国家和人民迎来了春天。对于钱伟长来说，更是到了人生的新里程碑。1979年的夏天，党中央以文件的形式公布了55名党外人士被错划的右派分子，一律予以改正，并恢复名誉。钱伟长就是其中之一。

钱伟长感觉天亮了，自己的紧迫感也就更强了，他每天专心地伏案工作。这时，孔祥瑛已经退休在家，她全身心地为钱伟长做着后勤保障工作，从那以后，他们一直这样，相濡以沫。他们的家——清华园照澜院16号——又恢复了往日的祥和和宁静，还有不时响起的欢声笑语。为了给钱伟长一个更为安静的工作环境，孔祥瑛坚持不买电视机，孩子们只好到邻居家里去看，但是他们从来没有抱怨过。这种情况一直持续到钱家有了第三代之后，在他们的"强烈抗议"下才终于添置了一台电视机。

说到钱伟长的生活还有个小插曲。因为家里的一切事务，柴米油盐酱醋茶之类的，都由孔老师一手包办，所以，钱伟长对买东西之类的事情基本上没什么概念，甚至连钱都不太会用。1982年，他主持全国非线性力学学术会议。会后，大家一起去游宜兴的善卷洞和张公洞。当时，有个摊子上卖西瓜，他一时兴起，就想买点儿西瓜。没想到，他不仅连价都没还，还开出了一个高出时价十倍的高价钱，惹得大家哈哈大笑，幸亏被孔老师及时制止了。

当然，最让钱伟长欣喜的是，他终于回到了他熟悉的、日思夜想的讲台。从1977年的8月开始，他把讲坛搬到了全国。每次来听课的人高达500多人，场场爆满。从1978年到1990年，他的足迹遍及大江南北，讲课200多场，听众高达400余万人次。看到坐在下面听讲的人，眼睛里闪烁的对科学的渴望和向往，钱伟长感叹于大家对科学的热情，对科学的热爱，同时也为社会上尊重知识、尊重人才的思想成为风尚，而感到由衷的高兴。钱伟长说，在他的大脑中储有一个力学矿藏，但是这个矿藏并非属于他自己，他要努力去开掘这个矿藏，愿意把他最后的精力贡献给中国的力学事业。

钱伟长自1983年开始就担任了上海工业大学的校长，1994年，上海工业大学、上海科技大学、上海科技高等专科学校和原上海大学合并组建成新的上海大学后，他继续担任校长的职务。截至目前，他是我国上任时年龄最大的校长，也是我国唯一的一位终身制校长，也是一位不拿工资的校长。他把家安在学校里，这样他就可以时时刻刻跟学校在一起，跟学生在一起。他将自己的心血注入上海大学的建设中，那里有他的教育理念，有他对学校深沉的爱。

学生在钱伟长的心目中一直占据着最重要的位置，在他做老师时是这样，他当了校长以后，更是如此。他认为学校对学生的培养不仅包括专业技能，更重要的是应该注重培育学生的综合素质，尤其是道德情操方面。他说："我们培养的学生首先应该是一个全面的人，是一个爱国者，一个辩证唯物主义者，一个有文化艺术修养、道德品质高尚、心灵美好的人；其次，才是一个拥有学科、专业知识的人，一个未来的工程师、专门家。"

每年的新生开学典礼和毕业典礼是钱伟长一定会参加的两个重要的大会。他说，这两个大会都是学生的人生大事。每次毕业典礼上，他都会亲自把一份份毕业证书交到学生的手里。学校规模大了，学生也多了，发证的时间很长、很累，但是这些都阻挡不住他的笑容。学生们说，看到钱校长的笑容，是最幸福的事情，因为他的笑容总是让人很安心，会给以人无穷的力量。

上海大学 2005 届的毕业生至今还记得，钱校长在毕业典礼上的讲话。他说："今天你们毕业了，快要离校了，我有几句话要告诉你们，这就是：'先天下之忧而忧，后天下之乐而乐！' 天下就是老百姓，百姓之忧、国家之忧、民族之忧，你们是否放在心上？先天下之忧而忧，忧过没有？后天下之乐而乐，乐过没有？我希望你们真正能乐，忧最终能成为乐！"① 当时，钱伟长的身体有些不适，口齿有些不清，但是，他的话依然是掷地有声，这让很多学生印象深刻，并且铭记在心。

这番话正是钱伟长核心思想的体现。他认为，做人最重要的品质就是要有责任感。这是他对自己的要求，也是他对学生的期望。钱伟长指出："我们要培养学生对国家、社会、民族有责任感。我们的学生如果没有责

---

① 于今. 百年伟长——追思钱伟长 [M]. 北京：红旗出版社，2012:24.

任感，整天只是考虑自己的小的利益，如经济生活好一点，地位高一点，那就不能担起跨世纪的重任。我们要学习革命老一辈，他们牺牲个人、牺牲一切，为了民族的斗争获得胜利。我们要培养一批大公无私的人。个人、家庭是私，国家并不是没有考虑，但大公更重要，要考虑整个民族和国家。如果学生不能很好理解这一条与做到这一条的话，我们的教育是失败的。"[1]是的，责任感是我们每个人必须具备的品质，有了责任感，我们才能更好地热爱我们的祖国，热爱我们的民族；有了责任感，我们才能更好沿着老一辈革命家的路继续前行；有了责任感，我们才能建立起一个和谐、祥和的社会。钱伟长在这方面给我们每一个人树立起了典范。

对民族的责任感一直是钱伟长思想中的核心内容。他在少年时，爱国主义精神就已经植入了他的思想中；年轻时，他用自己的行为很好地诠释了这一点；在中年时，他用自己的实际行动证明了这一点；在老年时他更加注重用思想影响年轻的一代。

徐匡迪教授1986年从瑞典学成归来，被任命为上海工业大学常务副校长，二十多年来，他一直积极参与教育改革，与钱伟长的交往也有27个年头。在他的记忆深处，依然记着钱伟长对他的教诲。那是在1984年的秋天，钱伟长赴丹麦的哥本哈根出席世界力学大会。徐教授听到这一消息后，到机场把钱伟长接到家中。白天，徐教授带钱伟长参观了自己所在的公司，晚上，他们就彻夜长谈。钱伟长总是劝他说，还是得早一点儿回国。记得，当时我国有很多人到国外留学、工作，他们最初的想法都是学成归来，为祖国多做贡献。但是，国外的物质生活远比国内的条件要好，

---

① 顾传青．探寻大师的轨迹：钱伟长为什么能 [M]．北京：科学出版社，2013：115．

甚至还存在着上百倍的收入差距。有很多人因此而动摇。钱伟长对这一情况深感痛心。他对徐教授说，国家和学校都需要你，我也需要你回去帮我一起管理学校。你能快回去就快回去吧，不要再给外国人干了。我们都是中国人，还得为自己的国家多做一些事情。这一番话对徐教授产生了重要的影响，他被钱伟长的赤子情所打动，很快就结束了瑞典的研究工作，提前回到了祖国的怀抱。

有人曾经建议年事渐高的钱伟长不要再参加开学典礼和毕业典礼了，只要在下面看着，或者通过摄像看着，效果不是一样吗？他说："校长就应该亲自把自己的学生送走，送到国家的各个岗位上去！"①是的，有钱校长参加的典礼是不一样的，那种温暖和关爱，是无法替代的。握手，本来只是短暂的、礼节性的一种形式，但是，在钱伟长看来却是跟学生沟通，了解学生情况的一次庄重的仪式。记得，有一次，钱伟长跟几个学生握手过后，就跟旁边的几个老师说，这几个孩子的手有些凉，还冒冷汗，以后得督促他们多参加体育锻炼了，把身体练好了，才能学习好啊！

毕业典礼后，学校组织大家拍毕业照。如果天气好的话，大家会选择在大草坪上拍照；如果天气不好的话，则会改在体育馆里进行。钱伟长每年都会跟学生们合影。有一年拍毕业照时，正赶上天气不好。大家开始排队时，天气还算可以，并没有下雨。没想到，大家站好位置后，天空上反而飘起了小雨，而此时钱伟长还未到场。负责老师心想，反正雨也不算大，这么多人排一次队也不容易，干脆就坚持坚持吧。钱伟长走出办公楼，发现外面下雨了，再一看学生们还在雨中站着等着拍照。他勃然大

① 于今.百年伟长——追思钱伟长 [M].北京：红旗出版社，2012:49.

怒，声色俱厉地说，到底是谁的主意？是谁让学生站在雨中的？负责老师吓了一跳，赶快组织学生进到体育馆里。

钱伟长常说："当好这个大学校长，不仅是我的责任，更是我的义务。我对自己从来不考虑，只要事情办得对国家好就行。我没别的要求，我希望国家强大起来，强大需要力量，这力量就是知识。"

4
教育

1983 年 1 月 12 日，中央做出决定，将钱伟长由清华大学调到上海工业大学，担任校长职务。特别批示：此人的任命不受年龄限制。因为当时钱伟长已经是 71 岁了，超过了教育部规定的"超过六十不允许再当校长"的原则。

三天后，钱伟长带着他的一箱手稿，一个人到上海工业大学上任。钱伟长说："我重新获得了全心全意为党和国家的教育事业不懈奋斗的全新条件，从而开始了新起点。"

当他到达上海工业大学时，他才知道，这个学校已经两年没有正式校长了。目前，学校里有四个系九个专业，800 余名学生。这所学校被上海人戏称为"四流学校"。钱伟长开始了大刀阔斧的革新之路。

"拆墙"

上任后，学校如何发展是摆在眼前的首要问题。钱伟长首先考虑上海工业大学应该怎样在党的教育方针指导下，为改革开放中的上海经济服务；怎样开拓办学路子；怎样进一步加强教育和生产的关系；怎样消除学校和社会的隔阂；怎样提高基础理论水平；怎样提高实践的能力，怎样加强学生德智体美的全面素质；怎样提高每一位教师的业务水平和教学水平……这些问题时时刻刻萦绕在他的脑海之中。

一入校，钱伟长首先提出了"拆墙"的倡议。"拆掉四堵墙"！①

第一堵墙，学校和社会之间的墙。以适应经济建设和科学技术高速发展变化的需要，从而密切联系社会和工厂企业并为之服务。

他说只有这样，才能真正让学校教育和经济建设的联系紧密起来。那时，他还听到一个事，某所名牌大学向来校参观的人收取费用，此事一出，在社会上引起了轩然大波，大家对这件事情争论不休。钱伟长听说了这件事后，他说，我所任教的学校，不但不主张收费，而且还会把大学的围墙拆掉。大学就应该与民众融合在一起。记得访问英国剑桥大学的时候，他们看到的剑桥就是一座大学城，没有什么围墙，大学在城中，城在大学里。我国有名的教育家蔡元培也有着同样的办学理念。他任北京大学校长期间，大力提倡开门办学，甚至还招收了旁听生。这些旁听生中后来有很多人对我们民族的发展和建设起到了至关重要的作用，如著名的作家沈从文、冯雪峰、丁玲，革命志士柔石、瞿秋白等。所以一所成功的大学，需要有开放与包容的大学精神，让大学文化穿透围墙，让更多的人受益。这样我们的教育辐射面才能更为宽广，我们的教育效果才能更好，我们的教育才更具价值。

钱伟长认为，国家建设需要大量新型科技方面的人才，在改革开放中，还需要经济、金融和贸易等各方面的管理人才，学校领导层反复研讨，最终确定"改造传统性专业，发展新兴学科专业，增加第三产业所需要的专业，加强重点建设所需专业"的部署。学校除了接受国家各工业部、上海市经委所属各局、上海市郊区各县、江苏各县区企业、上海市

---

① 钱伟长．八十自述 [C]// 钱伟长．钱伟长文选（第五卷）．上海：上海大学出版社，2012:75–76.

各区的生产科研课题外，还和这些部门共同成立了各种联合体，以加强教学、科研、生产和贸易的亲密联系。

为了使上海工业大学进一步加强教育和经济生产的联系，经过上海市政府的批准，自1991年起成立了包括14个上海市委、办、局领导参加的上海工业大学校务指导委员会，经常性地开展产学结合工作，协调解决产学结合工作中出现的问题。

钱伟长在1993级新生开学典礼上语重心长地说："上海办不好，吃亏的是上海人；工大办不好，吃亏的是工大学生。"[①] 加强学校和社会之间的联系是两者互惠互利，共同发展的良策。钱伟长多次强调："拆除学校和社会之间的墙，能使大学教育直面社会，与社会变革保持一致，建立校、企、学合作育人，合作教学的实习基地，与社会资源合力培养人才，能使上海大学的教育教学改革更好地满足社会对人才的需求，学校又通过收集社会企业的科技前沿信息，及时调整专业和课程设置，帮助学生熟悉和适应社会对人才的技能需求，增强实践知识能力。"[②]

第二堵墙，校内各系科各专业各部门之间的墙。现代科学技术的生长点都是跨学科的，或者具有交叉学科的特点，逐步努力打通这些学科之间的人为界限，拓宽专业，以适应现代科学技术综合发展的趋势。

上海大学（1994年5月，由上海工业大学、上海科技大学、上海科技高等专科学校和原上海大学合并组建而成，定名为上海大学）是全国最早尝试不分专业招生的大学之一。钱伟长倡导，大学的各门学科之间是一个

---

① 钱伟长.理想、信念与祖国 [C]// 钱伟长.钱伟长文选（第五卷）.上海：上海大学出版社，2012:86.

② 钱伟长.大学必须拆除教学与科研之间的高墙 [C]// 钱伟长.钱伟长文选（第六卷）.上海：上海大学出版社，2012:273–274.

互动的关系，就好比政治和经济的关系一样。各门学科之间是不能截然分割的。大学就应该搞多科性，搞综合大学。连教学楼的设计上，他都采用"联体"设计，文理交叉，学科融合，培养全面发展的人才。①

大工业发展时期，各个工厂按照不同专业分别建立不同的车间，每个车间集中完成一个环节的任务。但是，进入新时代后，这种模式明显不适合。各种工作都有可能碰到各种专业问题，太专，反而很难适应当前的需求。

钱伟长自清华大学时期的学习起，就广泛接受相关专业的教育，在基础教育方面的学习面较宽，因此他更能适应以后的工作和学习。基础宽了，学习新知识的能力也就更强，掌握新技术的速度也就更快。他说，这就如同盖房子，基础很重要。在清华大学的时候，吴有训教授和叶企孙教授就非常重视科学知识的全面培养，不仅要求学生学好本系的课程，而且指导学生一定要多选修数学、化学等外系的重要课程。钱伟长的好几个同班同学既学了不少数学课，也学了分析化学、有机化学、物理化学和工业化学等课。可以说，正是经历了这样的综合训练，才有了他们从事教育、科研工作的坚实基础，他们才能在以后的工作岗位上多有建树。

自然界是开放的系统，专业之间也是如此。我们现行的专业列表中虽然有两百多个，但是，在这个列表外的专业还有没有？若有的话，能不能干？后来，有一件事情的发生更坚定了钱伟长的这一想法。一次，一个国外的艺术团到北京来演出。节目表演得很好，可是艺术团走的时候，我方送给他们那次节目的录音，他们却拒绝了，说是录音效果太差了，该强的

---

① 钱伟长. 大学必须拆除教学与科研之间的高墙 [C]// 钱伟长. 钱伟长文选（第六卷）. 上海：上海大学出版社，2012:274.

地方弱了，该弱的地方却强了。问题的根源在于我们搞艺术的和搞技术的是两拨人，搞艺术的人不懂得音响工具的操作技术，而技术操作人员又不懂得艺术。钱伟长吸取了这一教训，他在上海大学开设了一个"影视艺术和技术专业"，并开始招生，后来还扩充为一个学院。后来，他又提出了第二个专业是知识产权专业。这个专业涵盖法律、行政和专业知识，培养出来的学生可以做法官，可以跟外国交涉，可以管理专业机构，可以负责商标的登记等工作。第一批毕业生的就业去向非常好，全部被招聘了。

钱伟长还提出，对专业的理解在思想上会是封闭的，而且会认为所学的都是对的，从来没有什么怀疑，这样的话，思想就会受到严重的束缚。他说："我们现在还经常用封闭系统观点来看问题，不善于研究各个系统之间是相通的这样一个问题，这是一个世界观问题，也是人生观问题，我们一定要改变世世代代认识世界、改造世界的这一缺陷。首先我们要从学习上突破，使大家受到有关开放系统、多因素系统、非线性系统、不稳定系统和非可逆性系统方面的教育，学会用这些思想观点来考虑和处理问题。现在是信息化社会，一切变化都比以前快得多了，这引起了很大的问题。现在我们再不能把我们国家封闭起来了。"

第三堵墙，教育与科研之间的墙。推行一套班子两个中心的教学和科研的结合论，积极倡导教师进行科研，以提高教学水平，反对照本宣科的教书匠式的教学。提倡教师不断吸收科学技术发展中的最新成就作为教学内容，引导学生不断创新开拓的进取性和创新追求的积极性。

钱伟长在1952年就明确提出："教学和研究工作是互为因果的。""提高教学质量的主要手段是全力发展科学，全力发展科学研究工作。"① 他提出，从事科学研究工作的人，有责任研究个别理论的内在联系，阐明其系统，并把这些理论逐步统一起来，将科学理论提升到更高的水平。教师在进行科学研究的过程中，还能够补充新的教材，甚至能够编写出新的专门化课程的教材。通过这样的研究过程，教学效果会直接增加。教师通过这些研究工作，还可以对本门科学的发展有更清楚的认识，就像直接参与了这门科学的创造发展过程一样。因此，教师就能够更深入地掌握和扩充自己所传授的专业知识，获得科学工作的经验，熟悉本专业中的技术问题，并能应用到自己的研究工作中。

担任上海工业大学校长后，钱伟长更是不遗余力地向教师宣传这一想法。他说："要让我们学校的各类建设保持强劲发展的势头，教师必须进行科学研究，同时也必须进行教学活动。科研是为了将来的教，教也是重要的，不能忽视。在培养人的问题上不存在教学与科研分工的问题，它们是互相促进、紧密联系的。教是当前现实的问题，因此要解决师资问题、教学思想问题；科研是将来进一步发展的问题，没有尽头的。"②

他常常跟教师座谈，鼓励他们进行科研，从科研的实践中深入了解学科的发展动向和趋势，提高学科的讲授质量。另外，他还从教学管理方面入手，对教师提出了"三个一"，即要讲一门主干课、要有一个科研课题、要联系一个工厂和在厂里义务兼任一个职务。主管科研的行政部门对教师的科研成果、科学论文一定要公布、记录在案，并且统计被引用的记录。

---

① 钱伟长.关于高等工业学校的科学研究工作 [C]// 钱伟长.钱伟长文选（第一卷）.上海：上海大学出版社，2012:81

② 钱伟长.对学校第十个五年规划及长期发展规划的设想 [C]// 钱伟长.钱伟长文选（第六卷）.上海：上海大学出版社，2012:217.

教师是办好学校的主要力量。清华大学梅贻琦校长说，所谓大学者，非谓有大楼之谓也，有大师之谓也。钱伟长也非常关注教师的成长，积极为教师提供良好的学习条件，创造更好的发展空间。为提高教师队伍的整体水平，学校从外校各地延聘了大量学有专长的学者、教授来校任职或者兼课，作学科带头人，以充实师资力量。经过十年的努力，教师队伍得到明显增强，实验研究设备得到了显著的充实和现代化。学校还争取条件，邀请国外学者教授来校访问讲学，并聘之为名誉教授，其中有任之恭、陈省身、田长霖、谈自忠、徐贤修、张佑启、谢志伟、李泽元、川合保治、罗思、凯塞西奥格尔、博恩、西蒙、葛拉叟皮扬基、屈鲁斯台尔、谢道夫、杰弗利、纳什、雷曼等；校方还聘请了美国工程科学院院士戴振铎教授和波兰科学院院士雷赫列夫斯基教授长期在校任教并指导科研，带博士生。[①]

学校还积极为教师进修创造条件，和国外学校建立联系。英国、美国、法国、德国、加拿大、瑞士、瑞典、挪威、荷兰、波兰等十多个国家的十几所高等院校和上海工业大学建立校际合作关系。教师可以通过出访、讲学、进修，进行学术交流，接触新事物，开阔眼界。大量青年教师的业务水平得到提高，顺利晋升，有的还破格晋级。

考虑到教师从事科学研究工作的需要，上海工业大学还收藏了大量的科学技术文献和资料（主要是科学技术的杂志期刊）。以科技刊物的收藏量对比看，当时上海工业大学图书馆是最全的。他们拥有全世界的三千七百多种，而同时期清华大学也只有一千多种。

---

① 钱伟长.八十自述 [C]// 钱伟长.钱伟长文选（第五卷）.上海：上海大学出版社，2012：78.

第四堵墙，"教"与"学"之间的墙。"教"和"学"本来是一对矛盾，"教"虽有指导作用，但毕竟是外来因素，"学"才是内在因素，学生只有通过主动学习，才能把所学的知识变为自己的知识。高等学校应该把学生培养成有自学能力的人，在工作中自己能不断学习新知识，面对新条件能解决新问题的人。

钱伟长认为，拆除"教"与"学"之间的墙以后，培养学生的目标才能更加明确。"培养学生德智体美全面发展，成为建设社会主义事业的合格人才，是学校的根本任务。"①他认为，学校首先应该立足于培养全面发展的人，然后才是专门的人才。在学校层面上，更要重视对学生的思想品德教育；教书育人，每一位教师都要做学生的思想工作。日常生活中，钱伟长总是利用各种机会和学生、学生干部、教师、研究生见面，谈话、作报告，告诫学生要热爱祖国，要做有志气的中国人，要担起对祖国前途和命运的重任。

一个人要终身学习，而不是终身教育，这是钱伟长一贯的观点。当然，这里所说的学习是调查研究和科学研究的过程。大学生学习的是理论，绝不是实践。但是理论必须结合实践，只强调实践，丢弃理论，就是舍本逐末。在贯彻、实施终身学习理论中，必须改变那种认为只有通过教师的教才能学到知识的陈旧的教学思想，即"不教不会，一教就会"。这种被动学习的思想无法适应科教兴国的新时代。就"教""学"而言，"教"起的是指导作用，但终究还是外在因素，只有"学"才是内化的结果。

---

① 钱伟长.八十自述[C]//钱伟长.钱伟长文选（第五卷）.上海：上海大学出版社，2012:79.

钱伟长以自身为例，很好地说明了终身学习的重要性。他说："我劝大家以后要一边工作一边学习，凡是我们国家需要的我们都应该认真学习、不停地学习，这样才能自己成长起来……我现在百分之九十的知识是大学毕业后学到的。自己学习，只要国家需要的我都学，应该这样才对。"①在钱伟长的学术生涯里，他先后涉猎了20多个研究方向，并于1956年和1982年两度获得国家自然科学奖。他的每一次转型都跟国家的需要有关，因为在他心中，祖国的需要就是他的专业！钱伟长说："我36岁学力学，44岁学俄语，58岁学电池知识。不要以为年纪大了不能学东西，我学计算机是在64岁以后，我现在也搞计算机了。"②这一次又一次的转型都是基于他强大、持续的学习能力。

培育学生的学习能力，这是钱伟长一以贯之的重要思想之一。夸美纽斯在《大教学论·教学法解析》中提到，安提西尼曾做过一次颇为冗长的谈话，柏拉图告诫他道，你忘记了演讲的方式不决定于演讲者而决定于听讲者。据此，夸美纽斯提出："同样地，教的方式不应当决定于教师，而应决定于学生。"同时，他还强调，学习者是根据自己的能力领悟每一门学科。一只小碟子装的水不能像一只大桶装的水多，一个孩子不能像成人理解那么多事情，一个智力迟缓的人不能像智力敏捷的人理解得那么快……教学适应于学习者的智力是教导的原动力。③

钱伟长的观点也有着异曲同工之妙。他多次提出：大学教育的主要目的应该是教会学生用自己的劳动来获得他所需要的知识，从一个被动的先

① 钱伟长.在上海大学优秀毕业生毕业典礼上的讲话[C]// 钱伟长.钱伟长文选（第六卷）.上海：上海大学出版社，2012:278.

② 于今.百年伟长——追思钱伟长[M].北京：红旗出版社，2012:324.

③ [捷] 夸美纽斯.大教学论·教学法解析[M].北京：人民教育出版社，2006:341.

生教学生听，不教不会，一教就会的教学方式，变成一个不教也能会这样一种教学方式。在这个四年里（指大学四年），我们要使一个青年来一个这样的转化，从被动地接受，转到主动地学习，引导他去获得知识，而不是一切只是都放在课堂里讲。[①] 1984 年，钱伟长在机械系上物理课时，做了一个实验。他从班级中抽取了 12 名学生，其中 6 名是班级功课最好的，另外 6 名是班级里较差的。这 12 名学生不用随堂听课，只需自学课程讲义，但是必须参加实验课和课程考试。课程考试要求跟其他学生一样。第一次考试时，这 12 名学生的成绩均不理想。经过分析，钱伟长认为，原因在于这些学生还没有掌握自学方法。他找了一位年轻教师专门辅导这几名学生，教他们自学的方法，比如怎样整理每个章节的框架，怎样弄通每个概念，如何运用这些概念、原理等。通过几次反复，这些学生进步很快。到学年考试时，这 12 名学生成绩都名列前茅。这件事情引起了很大的轰动，《文汇报》专门上了头条。

钱伟长结合自己的经历和其他人的经验总结出一套自学方法。[②]

第一，是自学中需要注意的问题。一是，明确学习目标。没有明确的学习目标，学习就会缺乏动力。二是，掌握自学的方法。没有正确的自学方法，光有一腔热血是远远不够的，除了加强基础学习、拓宽知识面、提高综合素养以外，还有就是学会思考问题，学会动脑筋，知识只有理解了，才能被自己吸收。三是，重视实践。这里所说的实践有两个方面：可以直接参与生产实践、科研活动和社会人文活动，还可以参与学习讨论和

---

① 钱伟长. 教学与科研 [C]// 钱伟长. 钱伟长文选（第二卷）. 上海：上海大学出版社，2012:97.

② 钱伟长. 我们是怎样自学的. 序 [C]// 钱伟长. 钱伟长文选（第六卷）. 上海：上海大学出版社，2012:291.

交流，自觉阅读文献，多进行调查研究的活动。四是，持之以恒。学海无涯，学贵以恒。自学是一项艰苦的劳动，是一个漫长的过程，需要耗费大量的时间和精力。其间会碰到很多困难，不能觉得自己不行就放弃。

第二，关于自学的方法。不同的学科的学习方法存在差异，应该有针对性。小时候念文科，钱伟长用的是背的方法，四书五经都背过；大学时改学理科，则更注重弄懂、弄通。钱伟长说："弄通是愉快的，当你不通时是焦头烂额，一弄通，你就会非常愉快……从弄通事情里得到的愉快，是没有人能够想象的……我是在不断地弄通我过去不懂的东西，弄通了，就变成我自己的了。"①

此外，在自学过程中，针对不懂的问题，也应该有恰当的方法。钱伟长建议，在学习过程中，应以全局为重，如果遇到个别不懂的地方，可以采用跳过的方式，不必过多拘泥于一两个"拦路虎"，过一段时间后，再回头来解决。从全局出发了解片面，理解得还更深。

第三，学习要不断地总结、反思。正如《论语》中所说："学而不思则罔，思而不学则殆"。勤学敏思，是学习中的重要诀窍，在学习过程中一定要不断地总结。不断总结，就是学完了一课、一个问题、一本书后要想一想，这里讲了什么问题，标题是什么，标题之下包括什么内容，它的基础是什么，得到了什么新的结论。过两三个星期，再把两三个星期里研究的东西总结一下，逐步将知识系统化。②

钱伟长还举了一个例子。扬州八怪之一的郑板桥在一次私访中，遇

① 钱伟长.关于学习问题 [C]// 钱伟长.钱伟长文选（第二卷）.上海：上海大学出版社，2012:164.

② 钱伟长.关于学习问题 [C]// 钱伟长.钱伟长文选（第二卷）.上海：上海大学出版社，2012:165.

到一个青年。他隔墙听到这个青年诵读得很好，就走进门，跟他聊。这个青年只有 15 岁左右，也非常聪明。后来，他就常常请这个年轻人去衙门。他发现，这个年轻人天资很好，很多东西念过一两遍之后，就能背诵。但是，有一次，郑板桥向他提了两个问题，他却一个也回答不出来。原来，他只是记忆，没有思考。郑板桥就引导他，学习一定要思考，单纯靠背诵，是不会有大出息的。后来，这个年轻人就学会了一边思考，一边用功学习，后来中了状元。

第四，要学会记笔记。学会记笔记是一个重要的学习方法。我们现在也经常会说到一种所谓的"伪努力"现象。有的学生看似很用功，上课一个劲儿记笔记，下课忙着看笔记，考试前全力背笔记，但是却收效很差。这是因为他们用错了"功"。好的学习习惯应该是上课专心听，下课认真想。

钱伟长刚入大学时，恨不得把老师讲的每一句话都记下来，结果却发现效果并不好。后来，有个同学教了他一个方法：上课时要仔细地听，老师问什么问题，就动什么脑筋，真正听懂了，就记，如果没有听懂，就不要忙着记。

钱伟长试了一段时间，发现这个方法收效甚微，他又去问，那个同学说，还有一个方法。他说，下课时，不要跟一般同学一样，站起身来就跑了。你不要走，你一下课后，要先好好地想一想，这堂课老师讲了些什么问题？它有几层意思？每层意思的中心思想是什么？这样静静地用不到一分钟的时间去思考，就可以巩固你一堂课听的内容。当然，这样还不够，每天晚上，你还要根据你课堂上听到的和下课后想到的，写出一个摘要来，大概一堂课不超过一页吧，这一步很重要。①钱伟长按照这个方法去做，效果确实不错。

钱伟长还介绍了同学林家翘（美国麻省理工学院的教授、美国科学院院士）记笔记的方法。林家翘的课堂笔记要整理两次。除了每天晚上整理一次，写出一个摘要外，每个月，他还要重新整理一次，把其中的废话删掉，把所有的内容综合起来，整理出一个阶段的学习成果。每个学期结束后，一门课的笔记经过综合整理后，只有薄薄的一本。这就完全成了他自己的东西了，他温书就看这个，边看，边回忆，边思考，每次考试都名列前茅。这种记笔记的方法，就是把教师和别人的东西，经过自己的思考、消化，变成自己的东西。②钱伟长比较自己和林家翘记笔记时发现，自己只是分了两个阶段，而林家翘则是分了三个阶段。他说，自己很后悔，如果自己也分三个阶段记笔记的话，学习效果一定会更好。

第五，才能来自勤奋。虽然说学习的方法、技巧和途径很重要，但是归根结底，要想学习好，还应该有足够的时间为保障，也就是勤奋。王安石《伤仲永》中说："仲永之通悟，受之天也。其受之天也，贤于材人远矣。卒之为众人，则其受于人者不至也。"或许有的人是天生之才，超过常人，但是只要停止学习，就会渐渐落后，最终只会一事无成。相反，原本不是天才，甚至可能不如一般人，只要坚持不懈地奋发努力，反而终有成就。

牛顿、爱因斯坦、爱迪生这些科学巨匠都不是神童。牛顿终身勤奋，夜里两三点以前很少睡觉，常常是夜以继日；爱因斯坦中学时的成绩一

---

① 钱伟长.谈学习方法 [C]// 钱伟长.钱伟长文选（第二卷）.上海：上海大学出版社,2012:186.

② 钱伟长.谈学习方法 [C]// 钱伟长.钱伟长文选（第二卷）.上海：上海大学出版社,2012:187.

般，大学考了两次，毕业后找不到工作，但就是在瑞士伯尔尼专利局工作的七年时间里，顽强地学习，竟利用业余时间研究出相对论的理论基础。爱迪生接受教育的时间很短，学习成绩很差，但是他总是以无比坚强的意志刻苦钻研，每天工作十几小时。但为了研制灯泡和灯丝，他摘写了四万页的资料，试验过一千六百多种矿物和六千多种植物。

文学艺术家的成就同样也是建立在勤奋的基础之上。英国作家狄更斯曾说过：我决不相信，任何先天的或后天的才能，可以无须坚定的长期若干品质而得到成功。马克思为了写《资本论》，花了四十年的时间阅读资料，摘写笔记，在大英博物馆的地板上居然踩出了一双脚印。我国历史上更是流传着囊萤映雪、凿壁偷光等感人的故事。据载，唐代诗人白居易在自叙中写道：二十以来，昼课赋，夜课书，间又课诗，不遑寝息矣。

钱伟长也是一个勤奋钻研的典范。早在中学时代，他就养成了"开夜车"的习惯，即便是年事已高，他依然坚持每天晚上8点后学习，直至深夜或凌晨。所以，即便年过八十的时候，他依然很自信地说："我可以说，我没有懒过，我的知识更没有老化。"

当然，需要说明的是，学生学会自学，不是说明教师作用的降低，恰恰相反，在培育自学能力的过程中，教师的引导作用更加突出，对教师的要求也更高。授之以鱼，是传授人类已懂的知识，是有限的，也是容易的；而授之以渔，在于教给学生一种思考问题的方法，这是无限的，也是难度更高的，这对教师自身的素养和能力提出更高的要求。

钱伟长对大学和老师、学生之间的关系有一个非常有意思的比喻。他说，如果把大学比作大海的话，老师和学生就是水里的鱼。小鱼跟着大鱼游，游着，游着，小鱼就变成了大鱼。学生正是在游的过程中，通过向他们的老师学习、理解、模仿，才长大的。所以老师要认真在课堂上传授知识，还要注重自身的人格修养。学生走进课堂，不仅要读书、学习，还要学会做人。这是我们教育的经验所在，也是教育思想的精华所在。

钱伟长常常告诫青年教师，教学过程中首先要避免照本宣科，讲课要有针对性，要有启发意义，而要想做到这一点，自己一定要有足够的知识储备。俗话说，给人一碗水，自己要先有一桶水，只有自己将知识融会贯通了，才能够在讲给别人听时，做到深入浅出。讲课不是炫耀自己的才华的时候，而是教授给别人知识的时候，如果一个老师满嘴跑着专业术语，把自己伪装得看似高深，其实他说的话别人一点儿都听不懂，这样的老师不是好老师。其次，老师在教学过程中，还要注意时刻更新，不能抱着一本教案混日子，几十年的教学内容一成不变。随着现代化建设的进程，人们接受信息的渠道越来越通畅，方法手段越来越多，作为老师来说，就更应该多吸收新的知识点，并将它带到课堂上。

钱伟长非常关注教师的成长，但从不因此而将自己的见解强加给他们。他鼓励教师要有自己的想法，尤其是在专业领域的研究过程中要勇于探索新的路子，要寻求适合自己的研究方法，形成自己的研究风格，敢于坚持自己的立场，而不是因循守旧，人云亦云。

学分制

钱伟长在上海工业大学中进行了一系列的改革，其中最关键的就是废除学时制，实行学分制。

学时制和学分制是世界上通行的两种形式。学时制，是指每周上课多少学时，学生要学习多少时间，包括上课、辅导、实验、自学等。而学分制是按教师花费的时间、教师与学生实际见面的时间计算的。中华人民共和国成立初期，我国高校实行的是学分制；后来学习苏联，改为学时制。北欧北美和部分西欧高校采用的是学分制。

学时制和学分制最大的区别在于是否具有竞争力。学时制，学生学与不学，差别不大。学生一进校分班听课，随班升级、毕业，基本不存在留级、退学等现象，因此学生学习的积极性不高。反正总能混个资格，不及格就补考，考好了就能通过，考不好也没有什么惩罚。钱伟长曾经打个比方说，产品不及格还要淘汰呢，何况是人才呢？

这种机制下，教学质量的保障也是一个问题。教师教好教坏，只凭教师良心，无法合理评判教学质量。而现有的教学计划统得过严、管得过死，什么都是整齐划一的模式。教师讲了几十年的课，从教学内容到讲课方式，丝毫没有改变。自然，大学教育的发展也就很慢，国家虽然投入很多钱，但是收效甚微。

钱伟长根据自己在清华大学（清华大学实行的是学分制）时做学生的经历，后来根据担任教务长和校长的经验，决定实行学分制，并将学分制修改为："一个学期中每周几堂课，就算几个学分，实验课、实习课、习题课每两个学时算一个学分，毕业设计（论文）不计学分，完成一个科研项目可以折算若干学分。必修课和选修课规定在四年内要学满多少学分，如有不及格学科要重修。"[①]

在此基础上规定毕业生要学得多少学分，选修课不及格的怎样补修；另外，成绩好的学生一学期可以超过规定的学分数，可以学几个专业，甚

---

① 钱伟长. 废除学时制，实行学分制 [C]// 钱伟长. 钱伟长文选（第五卷）. 上海：上海大学出版社，2012:2.

至可以提前毕业；四年内，学不到规定学分数的应该推迟毕业；允许已到毕业时间，但还想学习的学生继续学下去等。显然，相对学时制来说，在行政管理上，学分制要复杂得多，但是它更能满足学生的不同需求。

学分制不是独立的，它与选课制是结合在一起的。

"选课制的一大特点是对基础课的要求大大提高了。基础课多为必修课，学生是必须及格的，因此学生对基础课很重视，很会选择上课的老师。"① 这是学生一方的"权利"，又是老师的"压力源"。1950 年，林家翘在麻省理工学院数学系任教。数学系开设的微积分课，有八位教授同时讲课，每个人的教学大纲都不一样，上课的时间也不同，但是教学学时相同。学生可以随便选听哪位老师的课。当时，有一位教授生病了，请林家翘代课。他讲微积分采用的是从实际中引出数学概念，再回到实际应用中去的方法，学生非常喜欢。本来一个班的学生，结果选他的课程的学生越来越多，一下子增加到 300 人，把原来一个班的人数给增长到了三个班的人数。后来，他又请来自己的两位学生上课，学生授课方法和他相同，仍然广受学生的喜爱，这两个班也爆满了。后来，那八位教授的课竟然无人问津了，但是，他们在科学研究上很有特长，所以转而专门搞研究工作。在实行学分制的学校里，这类现象并不罕见。因而，它对教师来说，压力很大。

抗战前，北京大学有一门中国通史课，有两位老师同时授课，一位是钱穆教授，一位是胡适之教授。他们一个上午上课，一个下午上课。课程没有规定的教学大纲，各讲各的，学生都可以选。两人的讲解有的地方不一致，学生听了钱穆的课后，回来告诉胡适之，钱老师怎么怎么讲；有的

---

① 钱伟长 . 废除学时制，实行学分制 [C]// 钱伟长 . 钱伟长文选（第五卷）. 上海：上海大学出版社，2012:3.

听了胡适之的课后，又回去告诉钱穆胡老师怎么怎么说。这样的两堂课迅速轰动了整个北大，学术争论很激烈，既活跃了学术空气，也活跃了学生的学术思想。

选课制的选择是双向的，学生可以选教师，自然，教师也可以选学生。一个班级的听课人数总是有限的，所以报名人数达到一定额度，则不再接收学生。同时，教师也可以根据专业情况和学生的具体要求进行指导。在允许范围内，教师可以用各种招数宣传自己，在吸引学生的方式上以正当、公开、平等的方式进行竞争。

此外，选课制在选课听课、跨系选课、必修课和选修课比例、先修课、后修课等相关问题方面均有相应的规定。关于选课，钱伟长还提出，应该给予学生以正确的指导，选课面要宽一些、广一些，不可太专。他说，一个青年进入社会，专业知识要有一点儿，若太专了，不懂其他专业的话，就无法适应。

通过这样一个竞争机制，既可以激发学生学习的积极性和主动性，也可以促使教师改进自己的教学工作，激发工作热情，提升责任感。在一定程度上来说，这也打破了教师的"铁饭碗"。钱伟长说："解放前的清华都是选课制，所以能在清华长期立足的教师都是响当当的！很多原来清华的教授，都是著名的学者，像叶企孙、萨本栋、华罗庚等一大批人，都是我国科学技术的'种子'。理工科如此，文科也是如此，闻一多、朱自清等一大批学者，都是清华过来的教师。这说明选课不是一种简单的事情，它意味着竞争，只有竞争才能出成果、出人才、出水平。"[1]

---

① 钱伟长 . 谈师资队伍建设和教学改革问题 [C]// 钱伟长 . 钱伟长文选（第五卷）. 上海：上海大学出版社，2012:92.

为了更好地推行学分制和选课制，1988 年，上海工业大学进一步改革学制，将每一学年划分为三个短学期和一个暑期。"每一短学期为 10 周讲课，2 周考试，半周休息，暑期为 13 周。称为'短学期制'，在全国也是首创。学期短，可以督促教师精简教材内容，提高教学质量；而延长暑期，可以给教师有充分的时间备课和进行科学研究。对学生而言，短学期制的考试很像老学制的期中考试，学生易于准备，成绩易于提高。学生在暑假中有充分时间自学补习，进行社会调查和工厂实践。"①

短学期制的实行也与大学教育的方式直接相关。可以让我们认真审度现有教育方式的不足，从而有时间、有精力去修正。这对"教""学"双方来说，都是难得的沉淀、静思的机会。就像钱伟长所倡导的，大学教育应该注重培养学生的学习能力，而不仅仅是学习内容。但是，目前"我们大学里的教育方式仍然是中小学里的教育方式，强调辅导，强调老师要到学生宿舍去，强调这个宝贝非得抱在手里，吃饭还得亲自嚼细了以后喂到他的嘴里，让他去吃"②。钱伟长说，大学教学方式应该是把学生放出去，引导他自学。大学老师对待学生，应该像大人引导小孩儿学走路。学走路应该把孩子放到地上，大人离开他五六米远，让他自己走。不能整天扶着他走，整天扶着走，不撒手，最后只能是让这个孩子一个肩膀高，一个肩膀低。

"鱼骨天线"

上海大学新校区的总体规划方案是钱校长亲自设计的。1997 年的 6 月，新校区开始立项、开工。那时，已是 85 岁高龄的钱伟长，听到这个消息

① 钱伟长. 八十自述 [C]// 钱伟长. 钱伟长文选（第五卷）. 上海：上海大学出版社，2012：79.
② 钱伟长. 教学与科研 [C]// 钱伟长. 钱伟长文选（第二卷）. 上海：上海大学出版社，2012：99.

后，兴奋得连夜手绘了一张新校区的规划草图。深夜，校园里静悄悄的，他书房的灯光此时显得更加明亮，这位白发苍苍的老人正在书桌前，专心致志地绘图。这幅图凝聚了他对上海大学未来的憧憬，也体现了他对上海大学深沉的爱。

这幅图纸中有两个地方特别吸引大家的目光。一个突出的特点就是钱伟长对厕所的规划。按照常规做法，在每栋楼的第一层、第二层和第三层各自安装了60个座位，这样四栋楼共计有720个座位。钱老考虑到，课间休息时间是10分钟，学生在这10分钟之内，还要完成换教室这样的活动，那么时间就很紧张；另外，根据教室和厕所之间的距离，有的学生大概得走一两百米才能到厕所，这样时间上就显得有些紧张了。若是按照一个座位，一人次的使用时间为一分钟的话，那么720个座位只能共7200人次使用。但是，这种情况是按照一人次一分钟计算的，如果有人超时的话，时间就不止这些了。

另外，一般建筑的设计方案中，男女厕所的座位量往往区别不大，两者基本持平，甚至有些设计方案中，女生的厕所座位数量还会更少一些。这是因为，长期以来人们总认为，女生的数量比男生的少。但是，钱老在设计中，考虑得非常周到。他说，我们只是根据自己的推测说，女生比男生少，但是，根据最新的数据统计看，却是女生的数量比例这几年是呈上升趋势的；而且，一般来说，女生用厕所的单位时间要比男生长一些，这是大家都知道的事实。所以，钱伟长在设计图中为女生厕所提供了更多的位置。这种设计思路看似没有多大的改变，实际上，它所体现出来的人性化的理念是非常先进的。当然，更重要的是，它体现出了钱伟长对学生的关爱，对科学事实的尊重。

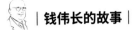

大学综合楼的另一个独特性就体现在它的造型上。这座综合楼被称为"鱼骨天线形"。这里的"鱼骨"指的是连接综合楼中四栋楼的交通要道。有了这个要道，学生在上下课时就可以不用在露天中行走。上海地处亚热带地区，雨量充沛，一年中总有长达一两个月的阴雨天气。下雨天，学生们在露天中走来走去，很容易把泥水带进楼道和教室，这样对保持楼道和教室内的卫生极为不利。钱老提出在第一层、第二层和第三层之间设置宽度为10米的通道。学生们在上下课时需要换教室，这些通道很好地解决了交通问题。其次，在通道上设置的长椅为学生们等候上课提供了座位。

另外，钱伟长在设计方案中还提出，可以在通道上设置一些供水设备，文具纸张的供应点等。这为学生和老师的学习提供了极大的便利，他们可以在教室里学习一整天，而不用担心学习条件的问题。此外，这些通道还和食堂连接上，更加方便学生和老师，同时也为他们节约了吃饭的时间。

这种设计方案看似没有什么特殊之处，也没有什么惊人之举，但是，当我们看到一般学校里的建筑群"各自为政"，互不相通，去不同的地方要多走很多冤枉路，大家就会明白这种设计是多么的便利。

当然，钱伟长之所以提出这种设计方案更重要的是考虑到方便学生和老师的学习。说到这儿还有一个有意思的故事呢。这座鱼骨形的综合楼引发了很多人的兴趣。一次有人问：为什么要建成鱼骨形的楼呢？上海大学一位工作人员说，这种造型很漂亮啊！钱老听到了，很生气地说："我一直在说，造这个通道把楼连起来，就是为了方便教师与教师、不同学院的教师之间互相往来，方便学生在不同学院选课，方便教师与学生的沟通，怎么可以对别人说，这是为了漂亮呢！"[1]

是的，这种设计正是钱伟长思想精髓的体现。他一直强调，综合性大学必须做的事情就是文理相通、理工结合、文理工相渗透。他更想把这种思想"种"在自己的大学里，让学生和老师从中受益，让它影响后世。这正是凝聚了钱老对上海大学深深的爱。

学校里的图书馆是钱伟长最喜欢去的地方之一。他一直强调无论如何都要把图书馆办好，并极力主张学生和老师都要充分利用图书馆。他认为，每个搞研究的人都应该养成独立自主的学习习惯，而图书馆就是一个重要的媒介和工具，人只有学会使用这一工具，才能掌握更多的专业技能。他到上海工业大学以后，先后建造了乐乎楼和文荟图书馆，为老师和学生创造了良好的学习环境和研究条件。上海大学合并成立后，钱伟长特意把文荟图书馆的位置定在了校园的中心。图书馆的外观雄伟壮丽，内部设施先进，在国内也是占据了领先位置。他还为图书馆争取到了近三千种的外文原版的科技期刊，涵盖了多种学科，这让上海大学图书馆在国内同行院校中名噪一时。

钱伟长经常到图书馆走一走、转一转，了解大家对图书馆的利用情况。尤其是刚到上海工业大学的那几年，他几乎每天都会到图书馆里转一转，有时他还会翻开阅览室的进馆人员登记簿，看一看每天有多少人进馆看书，里面有多少老师，有多少学生。进馆的人多，他就开心；进馆的人少，他就很生气。后来，图书馆的设备改进了，可以自动统计进馆人数，但是钱伟长还是保留着原来的习惯，经常到馆里查一查大家的进馆情况。

---

① 曾文彪. 校长钱伟长 [M]. 上海：上海大学出版社，2012:155.

他之所以关注大家对图书馆的利用率，主要是因为在他看来，一个人自学能力的高低直接关系着科学研究能力的强弱，尤其是对学生来说，只有通过主动学习，才能将老师教的知识进行转化、吸收，从而变为自己的东西，否则只能相当于是一个传话筒或者录音机，根本无益于提高个人的能力。而一个人一旦学会了自主学习，掌握了自学的能力，那就可以获取很多的知识，而且还可以举一反三，提高自己的适应能力和独立解决问题的能力。

钱伟长还特别注重培养学生独立查阅资料的能力。他说："第一是会找资料，即顺利找到你需要的资料。第二是自己要会读这些资料，能很快从这些资料中提炼出最核心最有用的东西，能整理得有条有理，跟原先所学挂上钩。第三是要有眼光，能够从中发现、提出问题，看到进一步发展的景象。有了这个能力，你就永远不会落伍。"①

在钱伟长的努力下，上海大学图书馆拥有让国内其他高校羡慕的藏书量。

---

① 于今.百年伟长——追思钱伟长[M].北京：红旗出版社，2012:33.

附　录

1

没有一个独立富强的国家就没有个人的一切[①][②]

　　由于我们的工作没有做好，使我们国家的老百姓现在还没有过上应该过的好日子，使我们民族五千年的光辉受到一定影响。我们这几代人虽然没有把国家搞成本来应该有的那么兴旺，但国家确实是有很大进步的。不过开"门"一看，我们仍然是很落后的，我们应该努力解决这个问题。解决的办法不是逃避，不是躲开，而是要勇敢地担当起责任来。可是，时间对像我这样年龄的人来说，最多不过十多年吧？而你们还有几十年或上百年的工作要做，你们不做谁做？现在我听说学校里有股风叫"TDK"，"T"是念"托福"，"D"是跳舞，"K"是谈恋爱。这样做就不符合国家和民族对大家的要求了。我们的民族若没有那么一批人敢于把国家的责任挑起来，用全部精力来为国家和民族工作，我们这个民族就会永远被人欺压。你们中一些人是不会体会这一点的。我们从旧社会来的人都知道，若没有一个独立富强的国家，就不可能有一个民族的尊严，更不会有一个民族中个人的一切。解放前，上海黄浦江边公园门口挂着"华人与狗不得入内"的牌子，外国殖民者竟然荒谬无耻到这般地步！你们没有受过这样的侮辱，体会不到这种心情。若没有几百年来特别是近百年来我们民族优秀

---

　　① 钱伟长的很多文章都极具前瞻性和现实意义，凝聚了他的真知灼见和爱国热忱。为方便读者阅读，特从《钱伟长文选》中摘录两则。——编者注

　　② 钱伟长.没有一个独立富强的国家就没有个人的一切[A].钱伟长.钱伟长文选（第四卷）[C].上海：上海大学出版社，2012:165–169.

儿女和大批革命仁人志士的流血牺牲奋斗，我们连今天的这一点权利也不会有的。现在，帝国主义者用各种办法来分裂我们国家，想打破我们的团结，以期达到他们的目的，这股气焰还是相当嚣张的。

现在想出国的人很多，我不反对这点。但是你们应首先考虑到，出国的目的不应是解决个人的问题。只有国家和民族的问题解决了，个人的问题才能真正得到解决，才能有个人的自由和个人的一切。国家的富强要经过几代人的共同努力奋斗，只有顶得住各种外部侵扰，才能有中华民族的振兴和我们的生存！据说在三百多年前，美国印第安人有八百万到一千万人口，文化很高，他们的文化系统很接近我国的文化。但现在这个民族的人口只剩一百万左右了。经过三百年，他们的文化变成了供美国旅游的对象了。还有南美的玛雅人，历史上相当繁荣，文化很高，但在西班牙和葡萄牙的殖民统治下也是人口减少，文化每况愈下。所以不要以为我们有11亿人口，垮不了，没那么回事，若再糊涂下去，也非垮掉不可。实际上，垮掉的民族多得很，非洲就有很多民族在近一二百年的殖民者侵略过程中垮掉了。我们不能糊涂，必须认识到没有一个统一的、团结的、强大的国家，就没有一个民族真正的生存条件。若一个民族连独立生存的条件都没有，整个民族是一个无国籍、没归宿的群体，你个人又逃到何方？现在有不少人梦寐以求地想出国，为"TDK"而奋斗，只是这个追求，不是想报效祖国，那实在是可悲的，这就谈不上有什么最起码的人格和品德。你应该晓得在世界各国之间还存在着不平等关系。我们讲和平共处五项原则，但有的人不和你讲这个，他能欺你就欺你，能占领你就占领你，占领后能赖着不走就赖着不走，他们哪里把落后国家的人民当人看待！

近百年来，我们中国有很多学生出去留学了，去学习人家先进的东西，目的是为了改变我们国家落后的面貌。中华人民共和国成立前上海有个留学生，他日本留学回来，办了个天厨化工厂，当时叫天厨味精厂。他一辈子献身这个事业，他对我国化学定名方面做出了贡献。他当时看到很多人无钱读书，就把天厨厂的大部分利润提出来办了个"清寒奖学金"，从 1928 年到 1937 年，每年有一百多人得到这个奖学金的资助上了大学，为国家培养了不少人才。中华人民共和国成立后，这个厂发展得更大，成了上海较大型的化工企业。历史上有许多人曾想改变我们国家不合理的政治制度，如光绪年间的维新派人士梁启超等人都是日本留学生。维新失败，二三十个人脑袋搬了家，梁启超逃出来，幸免一死。接下来是孙中山领导的革命，也全部是日本留学生，后期有个留学欧洲的学生，黄花岗七十二烈士就是 72 个留学生，他们牺牲在广州。中国共产党的领导人很多是留法的学生，他们出国勤工俭学，是为中国革命事业而去，也不是去解决自己的问题的。

我再说一件事：1972 年美国出了一本书，书名叫《中国的云彩》，书中有一套观点，就是美国没把当年一批留美学生留下来，使他们回中国后搞成了原子弹，说这是美国的失策。当然，接着搞成导弹那是 1972 年的事，当时美国不知道。书中批评美国政府说若能把这批科技精英留在美国，中国就没办法啦。书中指名道姓的人有王淦昌、赵忠尧、钱学森和我等一批人。不让我们这些人回国，他们的居心何在？无非是把你当成他们国家的工具，为他们的利益服务，用你来对抗甚至消灭中国。可是现在我们中有不少人不明白这一点，稀里糊涂。我们中国人应当有远大的理想和抱负，应当有高尚的思想去指导自己的工作和生活。当前国家有困难，困难怎么来的？一是怪我们自己不争气，再加上外国欺负我们，在国际大环境中不给我们平等条件。我们这辈人从小就知道有不平等条约，现在不常给你们提了，因为我们中国已经站起来了，这些不平等条约不起作用了。但是人家还是要围困我们，把我们封锁了三十年，我们现在主动打开国门，他们又搞了个"你开放我渗透"，我们有些人上了当。我希望你们把眼前个人的问题放开点，把国家民族的大业放在首位，学习那些见义勇为的同志，学习今天受表扬受奖励同志的精神风貌，多为我们民族的未来和前途着想。我们承认现在社会上还有很多不公平的事情，对此，我们不能光抱怨，因为我们都是社会中的一分子，这个社会有问题，我们自己同样有责任。所以要求大家共同努力，对自己的问题考虑得少一点，把民族国家的前途问题多考虑些。这样，当你们到老年的时候，就不会像我们现在挨下辈子的骂，说："你们这些老头子怎么搞的，搞了那么多年，怎么把国家搞成这个样子！"到那时你们就可以给自己下这样的结论："我是对得起自己的民族和国家的。"

最后，我补充讲两个例子，说明工作不对口时，只要自己努力仍然可以大展宏图。第一个例子，上海灯泡厂有个女干部叫黄菊珍，她原来是学经济的，到该厂后做经济管理工作。她看到我国灯泡寿命短、易损坏，就想方设法进行改进，历经七年苦干成功了，不但解决了原有问题，而且使我国灯丝大量出口。去年，她出席了全国先进工作者会议，是全国一百二十几个先进工作者之一。当初，有很多工程师认为她是胡闹，她学经济的不懂冶金，不可能对此有所作为，但结果她却为我国的电力事业做出了特殊的贡献。所以，不管对口不对口，只要有志气按国家需要的工作去做，就会出成绩。现在你们学的可能以后工作中用不到，但工作方法和基础是一样的。第二个例子是清华水利系有个三年级学生，叫党治国，家住在延安南面的韩城，就是司马迁的故乡。他家几代老革命，父亲是个矿工。他认为水利对他家乡山区很重要，考上了清华水利系，还担任了三年级学生党支部书记。当年他不过提了个意见就被打成右派，开除党籍。但他不管是不是右派仍认为自己的意见是正确的。以后被送到门头沟煤矿劳改，他去后干了七年，与工人关系相处得很好，就因为不承认当年的"错误"，又把他定为反革命分子判刑二十年。后转到他家乡韩城坐牢。韩城有个煤矿，他在那里的七年坐牢中修理过整个煤矿的所有机械。韩城煤矿是个老矿，经常出毛病停产待修，找人又修不好，常找他来修，修后让他再去坐牢。直到1978年为止，他不知修好过多少次卷煤机和其他机械。他在那里一边坐牢，一边钻研煤矿机械技术，叫作边劳改边自学吧。虽然他是水利系的，但因为有一般的理论基础容易学其他的技术。1978年科技大会时放他出来了。出来后他首先提出搞煤矿上一种高功率风镐，那是煤矿上很重要的一种设备。他各方找人配合，但无人相信他能做好这项工作，最后找到了我。当时我是开封矿山机械厂总顾问，我答应想把他调到矿山机械厂。去后他做了工程师。我当时劝他："以前的事已经过去了，类似情况很多，不应再去想了。"他说："我根本不去计较这些，我考虑的是国家的生产！"我说："很对！"前几年他的先进工作曾多次得到表扬。他的贡献不是他原来所学的水利本行，而是他现场工作地方的另一种工作。

我举上面两个例子无非是告诉大家，今后的工作不可能像大家现在设想的那样一帆风顺。但有一条应该牢记：要立足于自己的工作单位，做好本职工作，把它搞好，其他一切不应计较。我提出上述要求鼓励大家，也是以此要求我自己。我是不论在什么岗位上都干的，没有岗位我也一样干，我曾有二十年是没有岗位的，照样在努力干工作。比如搞坦克不是我

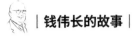
的岗位吧，但我也为它做出过贡献。我们要有在哪里工作就在哪里干出成绩的思想，希望大家有这个共同的认识。如果你们各位都这样，我们国家就又增加了一百多人的真正力量。请大家记住，关键是把本职工作做好，不管把你们安排在哪里。

2
物理教学与爱国主义教育的结合①

　　在"物理教学与爱国主义教育怎样结合"这样一个问题里，主题当然是爱国主义教育，因为爱国主义教育是一切教育工作的前提，贯彻爱国主义教育是目前教育工作的中心任务。我们绝对不能把爱国主义教育和某一专门的业务教学分开来看，把它单纯地看作只是现阶段的一个政治任务。因为，只有我们把爱国主义教育贯彻到每一业务教学中去，才能达到提高业务的目的，才能很好地完成培育青年的任务。但是，根据多方面的反映，今天物理教学里存在着许多问题，并没有很好地结合爱国主义教育。有人认为物理学是一门纯粹科学，扯不上爱国主义教育。若一定要扯，就只好硬扯，于是便扯得非驴非马。例如，有一位物理老师在讲到滚珠的滚动摩擦时，说共产党员的坚强奋斗就好比钢珠一样；在讲到磁极时，说共产党就好像磁极，吸引着团结着全中国的人民；在讲到电学时，说中国《易经》上就发现了电，因为《易经》上说"复像雷，在地中"。像这样的对比和扯法，实在太牵强了，太过分了。另一方面，有人认为既然扯不上，就索性不要扯吧。其实，物理教学和其他教学一样，是可以适当地贯彻爱国主义教育的，因为物理学的题材是我们人类生活中的一切物理现象，它是紧紧地和我们人民的生活、我们祖先的劳动奋斗、我们民族的繁

---

　　① 钱伟长 . 物理教学与爱国主义教育的结合 [C]// 钱伟长 . 钱伟长文选（第一卷）. 上海：上海大学出版社，2012:36–44.

衍生息结合着的。并且在目前的物理学教材中，的确有很大一部分是非爱国主义的，是带有中立色彩的，甚至是爱了别人的国家的。我们如能把这些教材检查出来，予以删除，或予以改正，代之以爱国主义的教材，便不难把物理学的教学水平大大地提高一步。

一、哪些是非爱国主义的教材内容

我们这一代从事物理教学的人，长期受了资本主义物理教学的影响，但是自己并不知觉。我们国家近百年来，受着帝国主义、资本主义国家的侵略影响，沦为半殖民地，这些半殖民地性质的思想内容，无疑会在物理教材的内容中反映出来。很多人认为物理学是纯粹科学，超然于政治之外的，却不知道我们所奉为圭臬传授给学生的教材，就是有政治性的、半殖民地性的。让我们举一些简单的例子来说明这个事实。

第一，发明权问题。这是极端政治性的，因为资本主义国家的统治阶级，一贯地利用假科学的民族优劣遗传的御用学说，一方面造成自己民族的优越感，来为征服全世界的企图而努力，另一方面造成被统治民族的自卑感，减弱他们对统治侵略的反抗意志。发明权问题便是这种种族优劣论的最简单的证据。因此在资本主义国家之间，对发明权就有很多争执。例如，我们大家所熟知的牛顿三定律中，第一定律惯性律，第二定律动力律，实际上都是伽利略发明的，牛顿只发明了第三定律反作用律。牛顿不只是英国的伟大科学家，而且是当时的财相和贵族。英美统治阶级要捧牛顿爵士，而把拉丁民族的伽利略的伟大贡献予以歪曲，或放在陪衬的地位，自然是符合资本主义统治阶级一贯作风的。我们现在为什么还要称它们为牛顿三定律呢？为什么不称它们为运动三定律呢？又如一个分子量中在标准温度压力下的分子数在英美都叫阿伏伽德罗常数，但在德国书上却称作陆许米德数，他们认为这是德国人陆许米德发明的。又如：关于气体温度与体积的关系，在英美叫作查理定律，但在德国叫作葛路萨克定律。又如：伽马射线的异常吸收实验是我们赵忠尧先生首先完成的，这个工作是后来证明正电子存在的重要论据，所以在近代物理学上很有地位。他这实验是 1930 年在美国做的，他的导师密立根曾一再引证，因为密立根是美国物理学界的老前辈，说话有地位，所以美国人一般还承认赵先生的工作。但是英国人却认为是葛来、泰伦的贡献，实际上这两位英国人是在看到赵先生的论文后，才去重新做的。英帝国主义影响下的科学家，便完全抹杀了赵先生的贡献。这样的例子在科学发明史上实在不胜枚举。就是像微积分这样的伟大发明，英国与欧洲大陆诸国也有各据一说的争论，英国说是牛顿的贡献，欧洲大陆上说是莱布尼兹的创造。新中国成立以来，我们和苏联接触以后，得到不少文化教育方面的资料，如无线电，原先天经地义地认为是马可尼发明的，但是现在事实上证明了是苏联的先进科学家波波夫的创造。这些证明了的发明权本身就是具有政治性的，我们长期不自觉地受了蒙蔽。

第二，度量衡制度。万国公制无疑是目前最科学的度量衡制度。由于这个制度完全是十进制，所以运用方便，一般物理学界在十几年前便已决定以公制为教学的基础。新中国成立后各方面对于引用公制的意见，亦已渐趋一致。但是在今天有许多物理学的教科书中，还是英美制和公制混用，这无疑是由于英美资本主义国家工业的侵略和商品倾销所造成的现象。这样不分皂白、混乱杂用的办法，对青年学习物理实在是增加了许多无意义的烦难。

第三，在教材上反映着资本主义国家的生活。物理是描写自然现象、认识自然现象和实践自然现象的科学，所以许多教材都结合着人民的生活。但是我们今天的物理教材结合了谁的生活呢？我们可以说主要是结合了资本主义国家的生活，尤其是英美国内的生活。让我们以现在高中引用得比较广泛的严济慈先生编著的《高中物理学》为例吧。图22、图37、图60、图114中画的人物都是外国人。图84上的马车是英法式的，为什么不画一辆广大农村中用得非常普遍的大车？图11的固体弹性是很可以用扁担或鱼竿来表示的，但是却用了一根固定一端的钢条。讲杠杆时用了一根外国秤（图72），讲共点力时我们看到一只纤拉船和帆船（图34、图35），都是西式的。我们那样美丽的帆船则完全没有份儿，况且我们的祖先在引用帆船上有着非常光辉的历史传统的。在图244里讲蒸发的盐田，从布置上看显然是外国的盐田，我国苏北、浙东、大沽一带的盐田是如何伟大而壮丽的，却并未提及。又如在戴莲轨编著的《开明初中物理学教本》的图83和图86中，我们可以见到两个外国妇女。其他各书的题材中也大致相同，我们可以见到荷兰的风车、德国的飞船和其他各种在外国常用但在我国罕见的东西。我们一翻出教科书，便有一种身处异域的感觉，在整本书内，找不出一些亲切的、属于我们民族自己的东西。难道我们没有吗？不，正相反，我们民族有着丰富的生活环境，有着丰富的生产工具和民族形式的日常用具，可资用为物理教材。至少我们有着4.75亿的优秀劳动人民可以充任教材里的人物。让我们把这些外国人的图像从教材里消除吧！这当然并不包括有科学历史意义的图像。

这些非爱国主义的教材内容，是应该加以检查和删除的，但是这是一个长期的工作，有待于物理学教育工作者们的共同努力，我们应该努力发掘，交流意见，逐步地做到在教材内没有非爱国主义的成分。

二、爱国主义教育应能加强青年们的民族自尊心

删去非爱国主义的教材内容，只做了消极的工作，我们应该在积极方面使物理教学和爱国主义教育结合起来。我们的积极努力首先是要从教学的过程中加强青年的民族自尊心。我们的城市青年由于长期与帝国主义的半殖民地教育接触，对于我们民族的优秀品质认识不充分，甚至有完全否定了的。我们的物理教学便要负起这个建立民族自尊心的使命，要尽量地、恰当地介绍我国伟大祖先们在物理学上的发明和发现，使青年们肯定地认识到我们中华民族和世界上其他任何民族一样，有着优秀的和高贵的品质。

为了能完成这个使命，我们从事物理学的教学工作者，应该不断地发掘中国古代物理学的发明和发现，把这些事实正确地编入教材。我们祖先虽然长期处在封建制度压迫之下，但在物理学上还是有不少创造。这些创造由于社会制度的限制，多半是表现在物理现象的观察描写和应用方面，例如，在力学方面，《墨子》经说篇里关于权衡的学说，便是杠杆原理的原则说明。我国对于杠杆原理的应用，表现在桔槔上（公元前 1700 年左右，比埃及早约 200 年）和表现在秤上。究竟秤是什么时候发明的，尚待我们的发掘查考。又如远古时代便已利用了的扇斗，无疑地是分力合力原理的最古老最简单的例子。从汉代起我们祖先便已知道利用反作用力作滑翔飞行的试验，到北宋初年更作了喷射推进的设计，《武经总要》记载着宋太祖开宝二年（969 年）冯义昇、岳义方作的火箭法。在水力学方面，张戎发现了水流流速和沙淤的关系。到汉明帝（69 年）时，王景更说明了

"筑堤束水，以水攻沙"的办法。这就是说河床缩小，水流加速，压力减低，沙自然因发生湍流的关系而容易升起，便被冲走了，这是很符合我们现在所讲的伯努利原理和湍流理论的。我们当然不能说当年张戎和王景就已了解到这个原理，但是这个发现，两千年来却一直作为治河的理论。在度量衡方面，《汉书·礼乐志》上说1升水等于13两重，这已明确了容量和重量结合起来的先进度量衡制度。在声学方面，古代乐书上有五律、七律、十二律的音阶和古乐器的尺寸，对于乐器长短和音程的关系，已有了很肯定的认识。这些都是公元前1500年以前的事情，到明朱载堉（1596年）《律吕精义》里，又有十二平均密律的确定，这个密律在西洋到1636年才被推算出来。《汉书·律历志》里详细描述了我们祖先如何由一种基本律叫黄钟的律管，定出标准度量衡的办法。那时用黍子90粒排置的长叫9寸，定为黄钟律管的长，便有了标准尺。后来以装1200粒黍子于律管叫1仑，又有了标准量。又将1200粒黍子重量定为12铢，成功地确定了标准衡。这样以标准音和标准度量衡统一起来的办法是非常先进的。我们祖先至迟在唐朝时，也了解到共鸣的现象。在唐韦绚《刘宾客嘉话》上记载着一个有趣的故事，说某寺方丈的禅堂里挂着一个磬，每当斋戒敲钟时，磬也响。远近认为有神，老百姓都来朝拜，终日不绝，使方丈、和尚不胜厌烦。有一位宾客自认为有办法，便将钟上多出的一角锉掉了一些，敲钟时，磬再也不响了，可见这位宾客一定是明白共鸣的道理的。在电磁学方面，王充《论衡》里便力辩雷击电光不是有什么神的事情，而是阴阳交错的结果。在公元前300年左右（战国时期），我们的祖先便已发现磁石和它的吸铁性。大约也在同时，或者是到公元50年左右，我们祖先确定地发现了磁石的指极性，用勺形的磁石（叫作司南）放在地上转动指出南方，然后再依靠日晷来确定早晚时刻。至于造成近代的指南针，大约在南北朝和唐宋之间。由于那时我们祖先在南洋海上航运，为了和平贸易，要克服海上风暴，指南针逐步改进，才取得了近代罗盘针的形式，这在北宋沈括的《梦溪笔谈》中有详尽的记载。沈括科学地指出，磁针是略微偏东而不是绝对指南，这和近代科学的地磁偏差观察完全相合。在光学方面，《墨子》上已经谈到光源和影的关系及一些简单的几何光学。《梦溪笔谈》上更讲到针孔倒像的问题，那时叫作"格术"。他说由窗隙观像，在一定的距离之外，就是倒影。沈括对日月运行的规律和月球反射日光的道理，都有明确的讲解。沈括是封建社会里的一个士大夫，他能够重视劳动人民的成果，重视科学的现象和问题，对客观现象能精密认真地观察和记载，是值得我们崇敬和介绍的。所以我们要让青年们认识到我们优秀的祖先们是怎样地观察自然、了解自然，而且把观察中得到的理论结合到实际生活应用中去。这些是值得我们骄傲的，但是决不要自满，因为我们还必须认识到，过去由于封建社会制度的关系，在反动统治下，使祖先们对于自然现象的认识仅止于现象的观测，而不可能发展成为系统的科学。

另外，我们也应该把我国的物理学工作者们在近代物理学上的贡献介绍给青年们。例如，叶企孙所测定的普朗克常数，将近三十年了，这个近代物理学的基本常数仍沿用着叶先生所测定的律值。还有钱学森在高速空气动力学方面的研究，萨本栋在电信网络分析方面的贡献。特别可珍视的是，萨先生的全部工作是 1933–1936 年间在国内完成的。吴有训在 X 射线的康普顿效应方面的重要贡献，是统一光的微粒论和波动论的实验基础。赵忠尧在伽马射线吸收方面的贡献，钱三强在对三分裂铀原子的实验发现，吴大猷在分子光谱学的工作，严济慈在照相片的高压反应的贡献，都可作适当介绍。其他如饶毓泰、彭桓武、马士俊、周培源、王淦昌、王竹溪等在纯粹物理各方面的贡献都是非常重要的，对推进世界物理学的水平，都起着一定的作用。最近科学院在编订我国物理学的文献目录和我国物理学的论文丛刊，其目的便是把这些优秀科学家的工作对青年作系统的介绍。我们物理学家们虽然已经有了很大的贡献，但是还没有发展成应有的伟大的力量。更大的发展和更高的成就则尚待我们的努力。但是这成就已足以说明我们伟大的中华民族，和其他民族一样有着优秀的品质，我们应该在物理学教学里用事实说明其真实性，来培养青年人的民族自尊心。

三、爱国主义教育应该紧密地联系着我们的生活

物理教学应该紧密地与我们的生活相结合，培养学生钻研四周现象的兴趣，从了解生活和热爱生活中产生热爱祖国的自发情绪。物理学是最容易做到这种要求的一门学科。如讲到杠杆原理，我们应该举关于秤的例子，关于桔槔的例子。讲到速度，我们常常说"从甲地到乙地如何如何"，我们何不说从天津到北京火车如何走、汽车如何走，我们的安全行车率是什么等为教材呢？讲到流速，我们何不引用黄河的水流数字，使青年了解关于黄灾的具体问题呢？讲温度，我们便可以讲今日的温度、本地的最高最低温度和全国各地温度的变化。从这样的教学中，使青年了解祖国的伟大。讲到地球五带，我们向青年讲过当地经纬度没有？今天有多少青年知道我国最南端几度、最北端几度？讲到蒸发，就可以讲讲我们的盐田。讲到雨，为什么不能略谈雨量分布与农产品的重要关系呢？讲到长度，就不能用北京市的林荫大道多宽多长、长城多长、京汉铁路多长等问题来做习题的材料吗？抗战前有个笑话，说某大学的入学试题内有一个题目是1厘

米约有多长，请考生在纸上画线表示，结果有一半以上的考生所画的长短完全不对，可见在反动统治时代的教育是怎样严重地脱离现实的。讲到电话，在北京的学生为什么不可以到北京市电话局去参观参观呢？讲到电力，我们可以给青年讲讲全国的发电量和我国工业用电发展的前途。就是像密度那样简单的题目，我们假如把北京城墙的大小算重量，就可以使同学们了解当时劳动人民在封建统治者压迫下是如何辛苦地将它建筑起来的。这些都是具体的例子，使物理教学和青年的生活结合起来，和青年们所生活的环境结合起来。从这种具体的结合里，青年对生活和环境才能有具体和深刻的认识，于是便能产生热爱祖国的情绪。

四、进行爱国主义教育应该指出祖国的伟大前程

因为物理学是一门基础学科，是一切工程技术的基础，所以通过物理学的教程，我们可以尽量指出祖国建设的多方面技术需要。从物理学的教程里让青年了解到祖国的伟大前程，巩固和发展青年参加伟大祖国建设的信心和积极性。另外，也可以促进学生学习物理学的热忱，使其学好物理，为进一步学好技术、钻研业务打好基础。例如，讲到水力学时，在目前应该讲讲治淮，也可以参考一下水利部的报告，讲些水力发电的前途。讲到力学时，可以讲些航空建设和重工业建设的例子。讲热学时，可以讲讲火车头和汽车工业。电磁学中讲些电力网建设和电讯建设的情况。光学中可以讲讲玻璃制造。其他如金属冶金、化学工业中的一些问题，都可以灵活地穿插在物理学的教材里面，使青年们了解祖国工业建设的情况和祖国的远大前程。

物理学是一门比较严谨的科学。通过物理学的学习，我们应该培养学

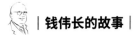

生正确的学习方法和思想方法。我们应该从物理学的教学中，使学生养成实际与理论贯穿结合的科学习惯。今天同学们由于长期在反动统治下生活和学习，一般的学习方法和思想习惯都很落后，例如，他们喜欢背书、死记公式、死做习题，不肯对物理作通盘的系统的讲解。有的学校先生把物理学分割成 18 套互无关系的题目，配合着 18 套公式或定理，教给学生，自以为这是最有效的教学方法。其实这种支离破碎的教法，对学生有着很深的毒害。我们发现在大学中有在初中、高中、大学内连读三遍牛顿运动定律的学生，虽然定律背得烂熟，但是在非常简单的问题上还是持加速度方向等于运动方向的机械错误观念。

总之，物理教学并不能从爱国主义的大潮中孤立出来。物理学的教学是可以从多方面来结合爱国主义教育的。我们现在还引用着不少非爱国主义成分的教材，也还有不少爱国主义教材尚待物理学工作者的发掘和创造。让我们物理学工作者一齐努力吧！

参考文献

1. 顾传青. 探寻大师的轨迹——钱伟长为什么能 [M]. 北京：科学出版社，2013.

2.【捷】夸美纽斯. 大教学论·教学法解析 [M]. 北京：人民教育出版社，2006：341.

3. 祁淑英. 钱伟长传 [M]. 太原：山西人民出版社，2010.

4. 钱伟长. 钱伟长文选 [C]. 杭州：浙江科学技术出版社，1992.

5. 钱伟长. 钱伟长学术论著自选集 [C]. 北京：首都师范大学出版社，1994.

6. 缅怀周恩来总理二三事 [J]. 上海党史研究，1998（4）.

7. 钱伟长. 八十自述 [M]. 深圳：海天出版社，1998.

8. 钱伟长. 钱伟长文选 [C]. 上海：上海大学出版社，2012.

9. 宋振峰. 中国扶贫开发史上一座丰碑——定西市"三西"扶贫开发纪实 [N/OL].（2015-09-17）. http://gansu.gansudaily.com.cn/system/2015/09/17/015706385.shtml.

10. 于今. 百年伟长——追思钱伟长 [M]. 北京：红旗出版社，2012.

11. 曾文彪. 钱伟长与上海大学 [M]. 上海：上海大学出版社，2010.

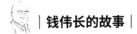

12. 曾文彪 . 校长钱伟长 [M]. 上海：上海大学出版社，2012.

13. 王福友 . 钱伟长校长的治校理念与治校之道 [M]. 上海：上海大学出版社，2008.

14. 郑旭东 . 学习研究新科学创建的辉煌历程——学习科学成功之道探秘 [J]. 开放教育研究，2011（1）.